坚不可摧

日军战俘营的盟军战俘

秦忻怡◎著

图书在版编目(CIP)数据

坚不可摧:日军战俘营的盟军战俘/秦忻怡著. —重庆:重庆出版社,2014.6
ISBN 978-7-229-08099-0

Ⅰ.①坚… Ⅱ.①秦… Ⅲ.①第二次世界大战—俘虏—史料 Ⅳ.①K152

中国版本图书馆CIP数据核字(2014)第122394号

坚不可摧:日军战俘营的盟军战俘
JIANBUKECUI:RIJUN ZHANFUYING DE MENGJUN ZHANFU
秦忻怡 著

出 版 人:罗小卫
责任编辑:肖化化
责任校对:胡 琳
装帧设计:尚书堂

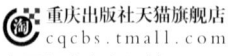

重庆出版集团 出版
重庆出版社

重庆长江二路205号 邮政编码:400016 http://www.cqph.com
重庆出版集团艺术设计有限公司制版
自贡兴华印务有限公司印刷
重庆出版集团图书发行有限公司发行
E-MAIL:fxchu@cqph.com 邮购电话:023-68809452

重庆出版社天猫旗舰店
cqcbs.tmall.com
全国新华书店经销

开本:720mm×1000mm 1/16 印张:12.75 字数:190千
2014年8月第1版 2014年8月第1次印刷
ISBN 978-7-229-08099-0
定价:32.00元

如有印装质量问题,请向本集团图书发行有限公司调换:023-68706683

版权所有 侵权必究

两位"二战"老兵在签名,胸前的勋章让人想起峥嵘岁月

海尔·利思在发表演说

"二战"盟军战俘拉菲尔·格里菲思及其夫人

盟军战俘罗伯特·沃尔佛·伯格及其夫人

老兵们的合影

中美老兵惺惺相惜

盟军战俘后代雪尔登·津布尔发表演说

盟军战俘后代杰里·奥斯特·米勒发表演说

序

为了和平，记住战争

"二战"的硝烟随着日本战败投降早已散去，但日本的扩张主义、军国主义并没有因为8·15日本无条件投降而寿终正寝。1946年东京远东国际军事法庭大审判"判决书"中，判定日本在"二战"中犯有三大罪行：破坏和平罪、战争罪、反人道罪，但日本军国主义者非但不认罪，反而屡屡对中日共同历史任意篡改。近年，随着越来越多的历史事实浮出水面，特别是沈阳和辽源关押过"二战"美军（亦称盟军）战俘之史实，披露在世人面前，使日本的反人道罪又重重地加上了一笔。尽管这段历史被无情地尘封了近70年，但受尽折磨和屈辱的往事对许多美国战俘老兵来说，仍然是抹不去的梦魇。

青年女作家秦忻怡历时4年，采访、创作完成了《坚不可摧：日军战俘营的盟军战俘》一书，全面翔实地向世人揭露了这一悲壮历史。书中的史实是日本在"二战"中所犯罪行的铁证，该书是战后描写"二战"盟军在中国的一部重要著作。

书中的李奇、亚伦、维尔、布朗等美国老兵，把沈阳和辽源看作他们的第二故乡、再生之地。20世纪90年代以来多次回访，我曾接待过他们。

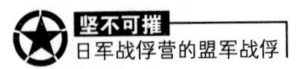

战争,是全人类的灾难。我们揭露战争罪行,是为了和平;记住战争,是为了友好;不忘历史,是为了警钟长鸣。当然,最为重要的是,日本军国主义者应当以史为鉴,永不再战。

九一八战争研究会会长　张一波
2011年6月20日

目录
CONTENTS

001　序　为了和平，记住战争

001　**序章　当硝烟散尽**

005　**第一章　沦为战俘**
005　巴丹陷落
013　战俘之旅

028　**第二章　临时战俘营**
028　九一八
040　北大营的冬天

056　**第三章　奉天战俘营**
056　压迫与抗争
067　731之谜
074　空袭

081　**第四章　西安战俘营**
081　东南亚战事
095　西安北大营
099　盟军高级战俘

109　第五章　解救战俘
- 109　老兵们解放了
- 119　美英将军受降
- 126　海尔·利思的故事

131　第六章　别了，苦役和锁链
- 131　翻过去一页
- 139　历史浮出水面

148　第七章　老兵回访
- 148　沈阳，我回来了
- 158　一场关乎尊严的较量

167　第八章　他们的故事
- 167　李立水和尼尔·加格里阿诺
- 171　葛庆余和凯尼斯·特沃瑞
- 177　孙慧忱和霍华德·卡特
- 181　高德纯和逃跑的战俘
- 183　重温历史

187　后记
192　书中涉及外国人名地名
195　中外人士评这段历史

序章　当硝烟散尽

时间倒退到2007年5月。

21日7：30，我和九一八战争研究会的孙玉莲一起到达酒店，一进厅堂，我便惊喜地看见了奥利弗·艾伦。奥利弗·艾伦是362号战俘老兵，今年86岁，高高的个子，胖胖的肚子，加重了身体的负担，走起路来不很利落。艾伦脸上手上的皮肤很怪，斑点这儿一块那儿一块，有点像"白癜风"，后来我才知道，那是战俘生活留下的后遗症。

我跑上前去，掏出纸笔，可是约请的翻译还没到。我只有请求大堂的援助，但她对艾伦的讲述不太明了。

可怜的奥利弗·艾伦面对着我们三个"木头人"讲了一通，见我只是木讷地应着，可能觉得有些对牛弹琴，便起身离开了。

慢慢的人越来越多，偌大的厅堂变得拥挤起来。老兵们有的是和夫人一起来的，有的带着儿子或者女儿，有的是战俘的后代自己来的。他们有的互相攀谈，有的正聆听美妙的钢琴曲。

87岁的海尔·利思，参与了当年解救战俘的行动。这是战后他第二次来中国。利思给自己起了一个中国名字：李和德，但熟悉他的中美友人都亲切地叫他李奇。

李奇拿出自己撰写的《营救盟军战俘》一书，图书封面上是解救后的温赖特上将。他说，他要把这本书献给纪念馆。

战俘编号190号，已84岁的罗伯特·布朗拿着他保存完好的珍贵资料和别人交流着。他是位健谈的老人，提到当年所发生的事情，他激动地说："我18

岁时被俘关到这里。我们那时身体都很糟糕，因为根本吃不饱饭，个个瘦骨嶙峋，根本没有力气，但还要干很重的活儿，经常挨日本兵的打骂，有的战友被活活折磨死了。近3年时间总共有几百名战友牺牲。我一米九零的身高，被俘前体重200多磅，出去时体重不到100磅。"

布朗手中的相册，有他本人与其他战俘的合影，也有他跟日本人的合影。其中有一张照片是他和3名医生的合影，3名医生中有一名是日本人。布朗指着这个人，告诉我们："这个日本医生人不坏，对战俘比较好，战后我去日本看望过他。"

战俘编号578号，85岁的约翰·利帕德，战俘编号552号，84岁的拉菲尔·格里菲思，他们胸前的勋章吸引着人们的视线。他们在用另一种方式向人们讲述着自己对国家的贡献。

9点，三辆中巴车从酒店出发，开往"二战"盟军战俘集中营遗址纪念馆。

纪念馆的门大开着，这些远道而来的客人一个个表情肃穆，走得相当慢。突然传来细细的啜泣声，我回转身，那个刚才在车上有说有笑，已65岁的休·津布尔，看到一张张图片时不能自已地哭了。面对生命不可侵犯的尊严，除了眼泪，还有什么呢？

此次陪同丈夫一起前来，美国老兵约翰·利帕德的妻子，73岁的乔·利帕德，一触摸到墙壁，泪水就夺眶而出。"约翰告诉我要坚强，不要流泪，但我一想到他在这里度过的苦难岁月，我再也忍不住了……"

73岁的萨莉·洛佩斯·波洛拉女士一直手捧着两张照片，那是丈夫威廉（战俘编号300号）和丈夫的弟弟（战俘编号1051号）。两位年轻英俊的美国军人魂断异乡。萨莉一边看展览一边流泪说道："他们永远地留在了这里，才20多岁，那么年轻。想起他们我们就很难过。到这里来是很痛苦的一件事，可是我们还是决定来了，我们要见证这段历史。"

萨莉女士这次是带着女儿罗斯玛丽·查维斯和女婿理查德·查维斯一起来的。她希望女儿女婿知道他们的爸爸和叔叔牺牲的地方。

在户外的一个小广场上,有一段纪念墙和一座祭坛,亡者的名字刻在墙体背后,此处可供来人表达缅怀之情。广场的主题是"以史为鉴"。营房底层现在还空着,将来这里作为主题展览的场地,一些即时流动的展览将在这里举行。纪念馆主题雕塑为七国战俘的群雕像,他们神情或凝重或愤怒,表现了他们与日军抗争的精神。

参观完纪念馆,他们在纪念馆后面的浮雕前,举行了一场庄严的敬祭活动。天出奇地热,没有一丝风,炽热的阳光考验着他们。他们纹丝不动,任思绪行走在历史的长河里。

李奇看到日本看守石川上尉的照片时,用中文告诉我们说:"这个人坏,太坏了!"

奥利弗·艾伦指着高德纯的照片,向他的儿子叙说着发生在中国人和他们身上的故事。艾伦说:"这段历史不应该被遗忘。"

战俘编号610号的罗伊·韦弗,罗伯特·布朗他们一行又来到战俘集中营的营房里。这座营房的每一层都是木制的大通铺,8个人一张大木炕,分为上下两层,当时有640个战俘住在这里。

上午10时,尽管外面阳光灿烂,屋内开着灯但仍显昏暗。一进营房,他们仔细地端详这里的一切,搜寻那些不堪回首的记忆碎片。

88岁的罗伊·韦弗突然停住脚步,情不自禁地用力拍打着一张上铺的木床,声音颤抖地大声告诉周围的人:"这就是我曾住过的地方。"

"我现在能够活着,真是个幸运儿。"他的眼睛潮湿了。

罗伯特·布朗当年住在1号营房,看着木板搭成的通铺、桌子和火炉,他说:"就是这个样子的,当年我住在上铺,经常会从上面掉下来,屋子里到处都是臭虫。病人和伤员也住在这里,空气非常污浊。"

"我在这里学会了一些日语,战后还到日本去过,为了告诉日本人真相。"

安·拉姆金的哥哥查里斯在战俘集中营因疾病折磨而死去。这是她第一次来沈阳。她说:"战争中不知有多少家庭在忍受思念亲人的前熬,又不知有多少家庭最终等到的却是一张死亡通知书。"

她哽咽地说："在美国，很多人都不知道远在中国的战俘集中营。和平的代价如此之大，我们都不应忘记这段历史。"

在这片曾经熟悉的天地里，他们是活跃的，又是沉默的，沉痛的，释然的。他们不会忘记这里，这里也永远不会忘记他们！他们和中国人民，以一种特殊的方式互相惦记。

2007年5月23日下午，举行老兵与以前的老工友、老朋友见面会。掌声伴随着这些老兵们一起走进了会场，有旧识，他们紧紧拥抱在一起，有新朋，他们互相致意握手。他们公开地表达自己的感情，不必像在战俘集中营那样藏着掖着，偷偷摸摸的了。

晚宴上，这次老兵回访的组织者、美国大华府日本侵略史学会会长王恭立先生讲话，他今年81岁，黑褐色的脸上架着一副眼镜，这仍然挡不住他的精明和练达。他精神矍铄地走向主持台，声音洪亮地用英语说："大华府日本侵略史学会成立于2000年。我们要揭发日本军国主义侵略中国和其他国家的罪行，帮助教育青年一代了解历史真相，我们反对任何歪曲日本侵略的做法。我们要维护亚洲的和平。

"你们今天的回访，向世界表明，我们要求日本人对所犯的罪行做出赔偿及应有的回答；老兵回访沈阳，向世界宣布，他们过去所遭受的苦难和折磨；他们的访问，告诉世界，中国人民和美国人民在抗击日本侵略中，是同志，是手携手战斗的。我们争取和平，希望在和平的世界上生活。"

台下的老兵们给予了热烈的掌声。

他们曾是这片土地的特殊奴隶，如今他们是这儿的客人。

他们对沈阳究竟有一种什么样的情结，在美国和沈阳之间究竟发生了什么样的事情，他们之间有多少曲折而动人的故事，这些值得反思的故事又将有一个怎样的结局？

我带着这些疑问，走近每一个和战俘集中营有关的人。就像此刻站在纪念馆前的我，仿佛看到冰天雪地里，走来了一群衣衫褴褛、疲惫不堪的人。

因而，这部书的主角，还要从第二次世界大战太平洋战场菲律宾战役说起。

第一章 沦为战俘

巴丹陷落

1941年12月8日下午1时25分，从台湾起飞的108架日本轰炸机和84架零式战斗机飞到了菲律宾的克拉克机场。

执行任务之一的日本飞行员坂井三郎看到："与想象中的美国战斗机猛烈还击的情形相反，我们向下望去，看到大约60架敌军的轰炸机和战斗机，沿着跑道整齐地停放着。它们就像蹲坐着的鸭子一样整齐地排列着。"

尽管美军的一些防空炮火迅速还击，但为时已晚。

坂井三郎沉浸在他完美进攻后的战果里。"长串长串的炸弹翻滚着向目标落下……整个基地好像都被爆炸冲向了天空。飞机、飞机棚以及其他一些地面设施的碎片四处飞散，大火肆虐着，浓烟直冲云霄。"

坂井三郎是日本一位优秀的飞行员，2000年在日本去世……

美国陆军航空兵中士、一等飞机机械师罗伯特·罗森达尔，急忙找到藏身之处，一股强烈的热浪把他掀翻。头顶上的马达声渐渐远去，罗森达尔被炸得有些晕头转向。

几秒钟前还排列整齐的飞机只剩下空架子，大火顺风势起劲地燃烧，有人大声在喊叫着拖来消防水龙头灭火，可无济于事，水龙头根本不出水了。

"狗娘养的日本人。"

"该死的，我中弹了。"

"哦，上帝。救救我。"

喊叫声、咒骂声、呻吟声、呼救声、挣扎声和持续不断的爆炸声搅在

一起。

罗森达尔在尖锐的急救车声中醒过神来,他才发现自己身上的血迹。他也受伤了。

几分钟,仅仅几分钟,克拉克机场的277架飞机,还没完成它好好修理小日本的光荣使命,便被摧毁一多半。

这时,远在菲律宾远东陆军总司令部的道格拉斯·麦克阿瑟,并不相信日军敢进攻菲律宾。美国传记作家小克莱·布莱尔在他的《麦克阿瑟》一书中对麦克阿瑟这样评价:他"出身名门,学者,爱国者,脾气暴躁,放肆,专断,顽固",很有些瞧不上"日本鬼子"。却不知,这一战,早已不可避免。

麦克阿瑟满心指望着美国增援的早日到来。谁料,12月22日,威克岛失陷,使美国至菲律宾之间的运输线被一分为二,失去了增援的可能性。

麦克阿瑟只有放手一搏了。

可是,他纵有力挽狂澜的雄心壮志,也不得不面对眼下的现状。空中力量已崩溃,地面战斗力也非强悍。他手下有18.4万人的部队,但只有二三万可以依赖的正规军,而且武器装备也远远不及对手。

12月22日,日本陆军中将本间雅晴,指挥他的第14军团在吕宋岛西岸的林加延湾登陆。

本间雅晴是一个敏感谨慎、喜怒无常的人。他是一个生活的矛盾体,具有极强的审美观,喜爱文学,并在写作绘画方面颇有造诣,人称"诗人将军"。他曾在英国留学和生活,对西方文化充满敬意。他认为,和西方列强打仗是一种不明智之举。

即使如此,本间雅晴,却将他的军事理论毫无保留地实践在了中国战场。在中国的征战,使他成为了一个富有经验的指挥官。

如今,各为其主的他,要和麦克阿瑟指挥的美菲联军一决高下。只可惜,此战一开,再无回头,直至走上断头台。

本间雅晴接到的任务是,用50天的时间,将菲律宾纳入日本麾下。

与本间交锋的第一支队伍是乔纳森·温赖特少将指挥的第一兵团。他将3.8

第一章　沦为战俘

万人组成4个师和一个骑兵团,在吕宋岛北边抵抗4万多日本正规军。然而,局势一开始,就不利于美军,日军势如破竹。温赖特不得不主动撤退,在阿格诺河一带,命令炮兵重新布置防线。

小乔治·帕克少将指挥第二兵团,仗打得无比英勇,但面对日军第16师团近1万名精锐士兵的进攻,两个菲律宾民兵师不是日本人的对手,很快溃不成军。麦克阿瑟令帕克撤向巴丹半岛,在那里重新布置防线。

年轻时的温赖特

巴丹半岛位于马尼拉湾与苏比克海湾之间,东西约25公里,南北约50公里,面积约1250平方公里。科雷吉多尔岛位于巴丹的南端,东西长6公里,南北约2公里,与巴丹相隔最近处不到4000米,岛上设有炮台,飞机场,永久工事,42门远程火炮和迫击炮,以及一条容纳万余人的隧道,构成了巴丹的军事屏障。

麦克阿瑟要求温赖特少将的部队必须长时间地拖延住日军,尤其是阻挡住日军上岛大佐的进攻,从而为帕克少将在吕宋岛南边的部队提供足够的时间撤出马尼拉,转移到巴丹半岛。

温赖特向麦克阿瑟报告说:"部队已快弹尽粮绝,士兵们在尽最大努力坚持战斗。"

温赖特组织起力量,展开了绝地反击,成功地击毙了支队长上岛大佐。代价却是挨了本间雅晴大批飞机的轰炸,伤亡惨重。

美菲联军一边撤退,一边战斗。温赖特的增援部队曾和北撤车辆迎头相遇,相互挤在一起,苦不堪言。之后的一星期里,温赖特将军和接替帕克的新任指挥官艾伯特·琼斯少将,一直为向巴丹半岛的转移行动争取时间而战斗着。

向巴丹撤退的美军队伍非常艰难和混乱。

美军撤退的卡车，大批的大客车和老百姓的牛车互相拥挤着，混在一起，通过马尼拉市，涌上通往巴丹的三号公路。

那些逃难的人，都是你喊我叫，牵着衣襟携着手，怕走散了。人人各显神威，张牙舞爪，横冲直撞，抢着赶着过桥，仿佛晚一步就会落入日本人的手中。

有的人被挤得只有踮着脚尖走，就像跳芭蕾。可惜技艺不够娴熟，被人推搡得东倒西歪。即使如此，只要推到桥那边，就感谢上帝了。

美军士兵满头大汗，焦头烂额，喊叫着驱开牛车，又有其他车辆挤了进来，挤来挤去，谁也不愿意让路。

美军指挥官们心急如焚，要撤退到巴丹，过巴兰加河大桥只是第一步，过桥还要走10英里到达圣费尔南多。再向左转弯，才能开往目的地巴丹。日本如果炸毁这两座桥那就麻烦了。

12月25日，这一天是圣诞节。人们的生活轨迹无论受到外界怎样的改变，他们总会顽强地固守自己的习俗。从24日平安夜那天起，憔悴的士兵们都在谈论圣诞大餐上的火鸡，还有美丽的圣诞树。在他们的记忆里，幸福、祥和、狂欢属于圣诞节，不属于远离家人、生命无法保障的战场。

中士杰克·史密斯，非常想念自己的妻子和2个女儿。他给新墨西哥州的妻子玛莎写信：

亲爱的：

"……我无法说这里的生活很轻松，但目前还不算太糟。我真无法理解，人们为什么会如此愚蠢，不仅使亲身作战的人遭受痛苦，更使留在后方的人伤心难过。我知道我离开家后，你担心难过……我非常想家，想家里的每个人，但在上帝的旨意下，有一天我会回到家里的，那就是我们最大的祈愿。

在巴丹的战士们士气很高，这都是些好小伙子，没有人比得上他们。如果不是亲身经历，你无论如何也想象不出这里的情况……"

玛莎的兄弟，詹姆斯·萨德勒是史密斯的长官，因此要检查他的信件。在读过这封信后，他用铅笔在信中写下了几句问候："……杰克很好，我现在率

第一章 沦为战俘

领他的连,所以总能见到他。每天晚上我都会为他祈祷,祈祷我们都能劫后余生,回到我们亲爱的人身边。到目前为止一切还不太糟,上帝会保佑我们帮助我们,有一天我们会踏上返航的路途……"

这一家人,弟兄三个全都在菲律宾,上尉伯尼·史密斯,中士克拉克·史密斯,史密斯中士妻子的兄弟、上尉詹姆斯·萨德勒。

士兵们思念自己的家人,即使他们看不见,依然能感觉到,家人在为他们祈祷,熊熊燃烧的火炉,规规矩矩站着的人们,可爱的脸庞,动听的琴声,美妙的歌声。

美妙的月色和绝望的心情混杂在一起。有人轻声说了一句"圣诞快乐!"有人哼起了忧郁的歌。

他们都在心里默默祷告:万能的主,保佑我们早日结束战争,返回家园。

士兵们在这个难忘的圣诞节,分到手的圣诞食物却是需两个人共同享用的一个豆罐头,这就是大家朝思暮想的圣诞晚餐。他们知道这意味着巴丹的处境越来越危急。

也就是这一天,当殿后部队慌乱赶到新阵地的时候,士兵们满脸胡须,脸也没洗,军服破破烂烂。一位军官写道:士兵们"缺少表情",看起来"就如同行尸走肉"。

有人情绪低落,有人情绪高涨,有人哭,有人笑。

美国和日本这对战略冤家,撕破了脸皮,在菲律宾,上演着人间悲喜剧。

而撤退到巴丹半岛的美菲联军,面临一个突出的问题,随着8万部队同时进驻巴丹的还有3万多难民,这11万人的粮食供给,成了美国后勤指挥官最头痛的事。

令人不安的是,这么多人挤在小小的半岛上,到处是沼气和蚊子,导致了热带疟疾四处蔓延。不久,数千名士兵因此而病倒了。军医们向麦克阿瑟报告,岛上的部队可能首先被疾病打败。

士兵们无法摆脱疾病和饥饿,患疟疾的人很多,再加上吃不饱肚子,部队战斗力明显下降。美兵不屑一顾的菲律宾食物,如今也习惯了。在前线部队的士兵为了填饱肚子，偷偷溜出战壕去森林里挖野菜，下鱼塘摸鱼。他们"只要不是人，什么动物都可以吃"。野鸡、野猪、竹笋、芒果、香蕉等都成了腹中之物，甚至有的人吃起了蜥蜴肉及蛇蛋。

本间雅晴在圣费尔南多的14军团司令部，为捡到的美军仓皇撤退时的弹药和粮食心生窃喜。

大量的轰炸机对巴丹半岛进行了狂轰滥炸，日本飞行员用机关炮追逐扫射四处逃生的人们。缺弹少药的美国高射炮手，被迫一炮不打，躲进防空洞。

他们都在大声咒骂："小日本在痛宰我们，可我们根本没有机会战斗。上帝，这不公平。"

天上飞机，地上大炮、坦克、海上巡洋舰和驱逐舰。日本投入了大量的兵力和武器来对付菲律宾。

1月20日晚，日本发起攻击。21日，温赖特的左翼阵地宣告失守。24日，阿布凯防线上的残兵后退20英里，撤至把巴丹分成两半的公路后面。为保证这次撤退，温赖特还组织指挥了一场虚张声势的反击。

24日晚上，士兵们拖着虚弱的身子爬出散兵坑，悄无声息地挤上通往后方的公路。伤员们躺在卡车上呻吟不已，有人大声喊叫不许伤员呻吟。

有一个士兵狠狠地给那个喊叫的家伙一拳："你喊个屁，你要让我们吃日本人的炸弹吗。"

美国指挥官不断催促士兵们快走，怕天亮遭日军轰炸。清晨，炮弹自天而降，公路上血肉横飞，筋疲力尽的士兵趴在甘蔗林里不想起来，他们9天9夜没好好休息，与其累死不如炸死一了百了，许多人在军官的呵斥和踢打下勉强爬起来，机械地跟在别人后面，任凭飞机轰炸也不躲了。

美菲部队越来越绝望，士兵们由于可怜的食物缺乏维他命，有不少人患了夜盲症。营养不足，医药不足现在是士兵们最大的敌人。

绝望的情绪在美国军队和菲律宾军队中蔓延和扩散，他们用粉笔在头盔上刻上代表炮灰的V（Victim）字，宣泄自己的情绪。

4月3日，耶稣受难日，军队牧师开始走访阵地祈祷。本间雅晴却发动了

第一章 沦为战俘

第二次进攻。这次进攻，被本间看作是向天皇的献礼，因此，他一点也不吝啬自家的弹药。先是飞机的轰炸，接着是地面炮火的打击，随后就是装甲部队和步兵团的大规模进攻。

驻守在沙马特山的第二兵团的士兵们，面对着黑压压的轰炸机，有些懵懂了。爆炸声震耳欲聋，又快又密的炸弹，使得浓烟和尘土呛得人喘不过气来。

有些士兵实在难以忍受，摇摇晃晃钻进不远处的丛林中试图躲避烟雾。

军官们冲着来不及跑进丛林的士兵大声吼叫："卧倒！卧倒！"

一批日机正从低空投下燃烧弹，火势很猛，被呛晕的士兵，来不及逃出火焰的包围，被活活烧死了。

到处都是轰炸，到处都是弹药，士兵们不知道向哪儿跑才能躲避大火和炸弹。

有一个士兵对着大火，开着玩笑说："伙计，来根烟。"但他立即不得不赶紧扑灭烧到头发上的火苗。

"哦，上帝。小日本要把我们烧成火鸡。"

4日，新提拔的巴丹守军司令爱德华·金少将投入了大部分后备部队，展开了绝地反击。但是身体憔悴、装备不整的美军士兵此时已不是日军的对手了。

黄昏时分，通往半岛南部的小径和土路上，挤满了数千名从前线溃败下来的美国和菲律宾士兵。日军坦克和步兵在后面紧紧追赶着，"零"式战斗机毫无顾忌地俯冲下来，用机枪猛烈扫射着逃散的人群。

"狗娘养的，我们是来修理小日本的，却被他们打得屁滚尿流。"有的士兵一边狂奔，一边大声嘶喊着。

中士杰克·史密斯中弹了。他倒在了地上，拼尽气力喊了一声："萨德勒。"

枪林弹雨中，詹姆斯·萨德勒回过头，将他抱到一边的掩体里。

"杰克，哦，该死的。别担心。你会好起来的。"萨德勒使劲压住他的伤口，大声地喊着："医护官，医护官。"可没人听得见。

"萨德勒，告诉玛莎，我爱她。告诉孩子们，爸爸爱她们。上帝保佑他们。"

"杰克,我答应过玛莎,好好照顾你。哦,上帝,求求你。"

杰克·史密斯朝着萨德勒凄然一笑,离开了人世。他是众多牺牲的美国军人中的一员。和他的哥哥们相比,克拉克·史密斯是幸运的,他安全撤到了科雷吉多尔岛。

到了晚上,存活下来的人会数一数,一天里面又有多少战友受伤和阵亡。大家都感谢上帝,能活着是多么好的运气,并殷切希望上帝让他们明天还活着。

士兵们都纷纷感到:"我的头发都感到疲劳不堪。"

"轰炸机只要随便投下几个夏威夷山芋,就会造成有军事价值的人员伤亡。"

他们靠在潮湿的堑壕里,祈祷。

来自加利福尼亚州,有"菲律宾侦察机"著称的中尉亨利·李,在《战斗前的祷告》中写道:

信念干涸了

我跪下来高呼我的主人

我不乞求苟且偷生

也不需要子弹转弯

我只想获得驾驭波涛的力量

以及另外一件事

教我去恨

遗憾的是,这位诗人没有活着回家,他在1945年被押往日本的途中死亡。上船前,他把诗集包裹好,埋在了地下。后来,他的诗集被从卡巴纳端战俘营的地下挖出来,送回到了他的父母手中。1945年11月他的诗被刊登在《星期六晚间邮报》上。

面对前线已经崩溃的局面,爱德华·金少将决定不再做无谓的牺牲。他要挽救所有士兵的生命。

第一章　沦为战俘

一位幸存者在传记《一千二百天》中写道："投降的命令下达后，所有的人挤成一团等待着厄运的降临，许多人竟然当着日本人的面哭了起来，美国军人和菲律宾军人都在哭。"

富兰克林·罗斯福总统亲自给科雷吉多尔岛发了一封电报。

"我深知你们是在何等巨大的困难下英勇战斗的。你军体力疲劳，显然不能进行重大的反攻，除非我们向你们赶运粮食的努力能迅速获得成功。鉴于你军无法左右的情况，我修改我给你们的命令……"

"我的目的是由你们按照你们最正确的判断去作出任何有关巴丹驻军前途的决定……"

"我认为，保证你们有完全的行动自由，保证我对你们可能不得不作出的不论何种决定的明智性的完全的信赖，是恰当的，也是必要的。"

巴丹守卫军是好样的，巴丹精神是永恒的。如果他们能有选择，他们仍会英勇战斗。但，他们别无选择。

上帝会宽恕他们。上帝会保佑他们。

留在科雷吉多尔岛上的温赖特，还在带领着自己的官兵们进行抵抗。

一直到1942年5月10日，科雷吉多尔岛的1.3万官兵投降，菲律宾升起了太阳旗，至此，历经124天的战事告一段落。日本原定50天拿下菲律宾的神话被打破了。

战俘之旅

伴随着日本继续攻击科雷吉多尔岛的炮火，76000名战俘们开始了行军。这其中就包括美国远东陆军航空兵第9轰炸大队机械上士奥利弗·艾伦，他从大学参军是为了实现自己的飞行梦，谁能料想到，此时竟成了战俘。

4月9日，更让人难以忍受的事情发生了。手无寸铁的艾伦他们当作炮灰，用来抵挡来自科雷吉多尔岛自家人的炮火。艾伦在队伍的最后一排，第一

巴丹死亡行军开始之前，许多战俘被夺去了他们的食品、饮用水等一些有用的东西

批炮火刚好打到了队伍边上。

所有人都跳了起来，撒腿四下逃散。艾伦竟然是第一个跳起来跑的人。他跑了大约2英里，确信自己没有危险时才停下疲惫的脚步。幸运的是，他们这一批人中没有伤亡。

昨天还在为保卫巴丹殊死战斗，今天却成为了俘虏。但他们都以为，这是这场可恶战争的结束。等到交换战俘的时候，他们就可以回家了。他们没想到，4月9日，对他们而言，只是噩梦的开始。

本间雅晴没有想到，战俘的数量会如此之多。野战输送官河根良贤少将向司令部报告，原计划可抓到二三万俘虏，现在初步统计起码在7万到8万人之间。

河根拿出的方案是，全部战俘最终将送到奥德内尔战俘营。从马里韦斯城到奥德内尔战俘营约有75英里长的路程。

行军分两个阶段：第一阶段，由高津利光大佐率1000名士兵，押送俘虏徒步到巴丹半岛中部的巴兰加；第二阶段，用河根在巴兰加准备好的200辆卡车将战俘送到圣费尔南多的火车站，再由火车将战俘运至奥德内尔战俘营。

看似完美的方案出炉了。

《菲律宾的黎明》作者神保信彦是参与菲律宾战役的一名日军将领。他在书中写道，日军高层在马尼拉发布了一个命令：和我军在巴丹半岛对抗的任何部队，不管是否投降，都应该被彻底消灭，任何不能走到集中营的美军战俘，在行军途中都必须在离高速公路两百米以外的地方被处死。并且在巴丹守军投降的当天，所有的日军部队都接到通知，将有至少7万名俘虏落入日军之手。

第二天一大早，奥利弗·艾伦就发现，事情远非他们想象的那样。在日本兵看来，投降的盟军战俘不应该受到优待。日本兵狞笑着扑向战俘，忙着抢他们的手表、毛毯、珠宝、刀片、餐具，甚至连牙刷也一扫而空。

第一章　沦为战俘

有一个日本兵看中了一名军官的戒指，日本兵打手势要军官把戒指摘下来，但是因为他患了脚气病，蔓延到全身，导致手指肿大，戒指无法退下来。日本兵亲自上阵摘取，经过多次挫折，他还是不能把戒指取下。日本兵最后索性抓起美国军官的手，挥舞军刀把全部手指都砍了下来。这位军官一边忍受着疼痛和屈辱，一边回到了自己的岗位，小心地保护着他伤残的手。

艾伦他们被日本兵叫起来，到大道上集合。那些走不动的伤病员，凡是爬不起来的，日本兵一刀一个刺死了事。

"快走，快走。"

"让他们尝尝皇军的厉害。"

日本兵得意扬扬地大声呵斥，驱赶着战俘们踏上了叵测的路途。

走了没有一英里远，日本兵窜到战俘们队伍中间，开始搜身。把每个人的水壶抢下来，把里面的水倒掉，用枪托把水壶砸扁，再还给他们。把钢盔抢走，弄坏后扔掉。

"根本不像一支军队，倒像是一群未开化的野蛮人。"艾伦在日本人眼里，成了地地道道的俘虏。尽管日本也在"一战"后的《日内瓦公约》上签了字，但其行为表明，公约在他们眼里，不过是过期的废纸一张。

西方文明一直认为，光荣的投降优越于死亡，投降只是被看作战争中的一种不幸。按照国际战争法，为自己的民族和国家尽到义务的战士，放下武器后，应该得到战胜方的尊重和保护。

爱德华·金将军投降时准备了一份备忘录："由于遭受长期围困，定量供应严重不足，他们已经很难徒步行进很远的距离了。"

所以，金将军虽然命令美菲部队销毁了大量的武器和装备，但保留了相当数量的军用车辆和汽油储备，以便使战俘能够向北方行进，到达日军指定的目的地。即便金将军本人在达拉瓦奥日军前线指挥部被扣住时，他还在向日军当局声明，如果日军需要运送俘虏的话，美国人有足够的汽车和司机。

他认识到，对于一个被打败的将军来说，请求胜利者允许他把自己的部队运送到囚禁地是非同寻常的，但是他非常希望日方指挥官本间雅晴能够接受他的建议。

一个日军参谋冷冷地提醒他:"将军,您应该注意现在的身份,不要对皇军指手画脚,关于如何运送战俘,本间将军会用自己喜欢的方法来做的。"

金将军还要求日本当局把他部下的姓名通知美国政府,以便通告美国士兵的家属,他们还没有战死。在场的日本军人都颇为诧异,难道美国人不因此而认为他们让家乡父老蒙羞吗?

在美国,就在得知巴丹的亲人们成为战俘后,4月10日,美国新墨西哥州阿尔布开克的两名战俘母亲查尔斯·比克福德夫人和弗雷德·兰登夫人提议由一位战俘的父亲主持召开一个会议,旨在建立一个组织,为这些在巴丹被俘的人们提供援助。14日,会议召开并成立了巴丹战俘慰问团。总部设在阿尔布开克,并迅速在全美成立了很多分部。这个组织由战俘的父亲、母亲、妻子和爱人组成。他们收集关于战俘的每一点信息,他们找到并交流其他战俘家庭的信息。1949年4月,在美国加州的好莱坞举行了第二次成员会议。在这次会议上,组织名字改为美国前战俘协会。

在日本,孩子从小受到武士道精神的熏陶,人人都认为在战场上投降是最大的耻辱,为天皇而死是最大的光荣。这种教育的结果,使得日本军人对投降的盟国军人非常轻蔑,更使得他们蔑视战争法规和肆意虐待俘虏。

日本人认为,这些被俘的盟军官兵,他们不管曾经是英勇血战到底而被迫俘虏的,还是不战而降的,只要他们举起双手,就不应该受到优待,因为他们已丧失了作为军人的荣誉。

由此看来,日本人有他们自己的信仰,他们是绝不会宽恕和善待这些投降的官兵的。

所幸的是,艾伦身上的《圣经》没有被搜走,这本有美国罗斯福总统亲笔签名的《圣经》成了他的精神支柱。

弯弯曲曲的公路上,满目疮痍,散兵坑里的尸体横七竖八,到处都是炸毁的卡车、大炮和武器装备。道路上尘土飞扬,不时有零散的士兵从四面八方的密林里走出来,默默地加入战俘的队伍。

第一章　沦为战俘

上尉伯尼·史密斯和上尉詹姆斯·萨德勒也一起加入了这支长长的队伍。

在过去的5个月里，所有战俘，始终被饥饿和疾病所困扰，身体状况变得十分糟糕。更坏的是，他们得不到足够的补给水。由于缺水，许多原本虚弱的战俘陆续倒下了。

那些没有倒下的战俘继续顶着烈日，赤着脚板，走在滚烫的沙土路面上。沿途没有饮水，战俘们只能用舌头舔一下干裂的嘴唇，向第一个"休息站"——原巴丹守军的第二野战医院走去。

每隔五公里，日本监视兵就与坐在美国卡车上跟着走的新监视兵轮换一次。

充满风情的菲律宾，这时应该是最美丽的时候，香蕉树遍地可见，棕榈树摇曳着绰约多姿的枝叶，亭亭玉立的椰树焕发出美妙独特的椰香。

今天，它美丽不再。战火掩盖了一切美好的事物。

走到马里韦莱斯山脚时，沿途的沟渠里都是医院的伤病员。已经死去的士兵在烈日下肿胀起来，发出刺鼻的恶臭。没有死的人在人堆里向外爬着，绝望地伸着手，向路上的战友喊叫。

"滚回去，美国佬。"

日本兵不许战俘离开队列，战友们只能眼睁睁地看着伤病员死在自己面前。

战俘们路过第二野战医院，不仅没有得到休息，反而被高津大佐命令加速前进。

那些受了重伤的士兵们，冲出病房，没等走多远就倒下了，那些用木棍作拐杖的，没走出一英里也动弹不得了。日本兵故意催促队伍加快行军速度，一路上甩掉不少伤兵。日本兵残忍地对那些走不动的人举起刺刀，伤兵们惨叫着咽下最后一口气，还有押解士兵连刺刀都懒得用，干脆一枪托打烂伤兵的脑袋。

与此同时，日军的榴弹炮、坦克、载运军火和给养的车辆滚滚向南，准备进攻科雷吉多尔。

卡车上的日本步兵嘲笑着路上的战俘，用长竹竿挑掉战俘的帽子，劈头盖脸一顿乱打。伯尼·史密斯躲闪不过，不幸受伤了，竹竿打在身上，火辣辣地，比中弹还要难受。他痛苦地咧着嘴，叫了一声"妈妈"，昏了过去。

疲惫不堪的萨德勒急忙搀住他，免得被日本人看到，用刺刀了结他的生命。

"伯尼，坚持住，坚持住。"他鼓励伯尼的同时，也在鼓励自己。

美国人越痛苦，日本人笑得越开心。

有一个日军坦克指挥官，他看到战俘挡住了道路，索性命令部下爬出坦克车，捡起石头向行动迟缓的战俘打去，来不及闪躲的战俘被打得头破血流，有的战俘竟被活活打死。

空防警报处处长亚历山大·坎贝尔上校由于体力不支，落在了队伍的后面，被日本兵一边大喊着"八格牙鲁"，一边用刺刀刺入后背结束了生命。

第一天行军结束时已到深夜。艾伦他们被日军满满地塞进一个仓库，不给食物，战俘们在饥饿中站了整整一夜。

罗伯特·罗森达尔比较幸运地成了司机，他不能忍受的是，汽车像日本兵那样坦然地从自己战友的身上轧过去。

他们到了一个村子里就地休息过夜，一头栽倒在地上再也不想动了。夜晚非常闷热，罗森达尔躺在横七竖八的人堆里，挤得喘不过气来。日本人用铁丝网把战俘们圈起来，大家睡在一起连翻身的地方都没有。热带的蚊子更叫人无法忍受，这些吸人血的小飞虫落在战俘的脸上、身上、脚上，叮得人奇痒难耐。罗森达尔脱下破烂不堪的上衣蒙住脑袋，任蚊子叮咬赤裸的肚子，腹内饥肠辘辘，看样子明天日本人也不会给吃的东西。

日本人吃的不供给，喝的更不用提了。很多人挤向水井，把嘴凑到自流水井的龙头上喝个够。没喝两口，背上就挨了两枪托，接着屁股上挨了一脚。头撞到井沿上，眼前一阵昏花。

日本军官冲他们大声叫骂。而日本士兵不但自己喝个够，还脱光身子在水龙头下洗起澡来。

第一章　沦为战俘

一个战俘渴急了，不管不顾地冲出列队扑到水龙头喝水，战俘们都为他的举动捏一把汗。

"揍他，狠狠地揍他。"日本士兵叽里呱啦的一顿乱叫，上前一阵拳打脚踢，又将这个战俘的头发揪起，按住他的脑袋用水龙头猛冲，直到他昏死过去，才一脚踢开。

有一次，战俘们趴在河边喝又脏又臭的河水时，日本兵不耐烦朝他们开枪了。子弹响后，几十个人全都倒在河里，再也爬不起来。这其中就有温赖特第一军的副参谋长尤登勃格中校。可怜的人儿！

行军继续。艾伦想出一个办法，行进到水井或者水牛打滚坑的水的时候，他箭一般地飞跑出去，搞到一点水以后，趁着还没有人拥挤上来，迅速离开。要不然，太多人集聚到井边的时候，日本兵就会向他们开枪。

日本兵不断催促战俘们快走，然而，这些精疲力竭的官兵似乎举步维艰了，队伍变得七零八落。日本兵用枪托打，用刺刀挑也无济于事，不断有人掉队，不断有人倒在尘土里。有的日本士兵发现用枪托也赶不起来的这些人，干脆举起刺刀捅下去，结束了他们的性命。

即使这样，河根将军押送战俘的计划难以按期实施。执行第一阶段任务的高津大佐向河根汇报，由于战俘大大超过原计划的人数，再加上饥饿、疾病的折磨，这批战俘根本无法如期送往巴兰加。最麻烦的是，如此之多的战俘，就连食物和饮水都一时无法解决。

河根很恼火，催促高津加快行动。高津也如法炮制，把恼火发泄在押解士兵的头上。这样一来战俘们就更加倒霉了。

"我的身体像被搅碎的葡萄，眼睛充血，好像可以燃烧的稻草。"

"慢吞吞、机械地挪动着，目光呆滞地笔直向前，只听见我们脚下的卵石嘎吱嘎吱地响，生病的人不断地在咳嗽。"艾伦回忆说。

第三天，艾伦遇到自己的两个朋友，他们都来自于他的部队，在美国时就是好朋友。一位叫亚历山大，患上了疟疾，身体非常虚弱。另一个朋友汤姆森·雷伊一直搀扶着他。

艾伦在汤姆森的背包里发现了绿洲。原来汤姆森还有一些饼干和糖。

艾伦问他："雷伊，你的饼干和糖我们能不能吃一点？"

雷伊坚决地说："不，伙计，我要把它留到最困难的时候再用。"

艾伦一脸悲伤地说："我真不知道还有什么时候会比现在困难。"

刚走了不到两英里，日军给他们施行了"暴晒"。这是日军非常残酷的刑罚之一。

菲律宾4月份的午间温度近四十度，高温使得人体内的水分迅速蒸发，暴晒对于缺水已久的战俘们来说，只会加速死亡的步伐。强烈的紫外线灼伤了人的皮肤，长时间反复地暴晒令许多战俘患上了皮肤癌，以至于战后，他们还要忍受暴晒带给他们的摧残和煎熬。

"这就是暴晒的后果。"艾伦指着他脸上和手臂上的斑斑点点说。

艾伦因为战俘的经历，影响了身体的健康状况，从而不得不从学校提前退休。罗伯特·罗森达尔在1975年下嘴唇得了皮肤癌。

许多患病的战俘倒在地上再也没能站起来。伯尼·史密斯，再也坚持不住了，他将步兄弟的后尘。他虚弱地对萨德勒说："萨德勒，我要去见上帝了。"

"上帝，求求你不要这样对我。"史密斯家的三个男人已经死了两个，而且都是自己亲手送走了他们，眼前发生的一切，使得萨德勒的精神几乎要崩溃了。

萨德勒要为伯尼举行一个仪式，但被日本兵狠狠地毒打了一顿。萨德勒只有亲手为他挖掘坟墓。"上帝保佑你，我的兄弟。"

艾伦也失去了自己的一位战友，他只能把尸体埋进坑里，没有墓碑、没有名字。他自己在心里默默祈祷："上帝保佑你的灵魂进入天堂，阿门！"

艾伦看到在路旁的另一端，日本人在强迫两个菲律宾士兵活埋一个美军上尉。这个上尉被扔进沟里，从昏迷中醒过来，伸出双手拼命扒住沟沿，企图爬到公路上。日本人用铁锹砸他的手，使他又滑进沟里，两个菲律宾士兵因拒绝往上尉身上埋土，当场被日本人捅死一个。另一个人保全了性命，却也必须痛苦而麻木地铲土活埋上尉。

第一章　沦为战俘

行军第五天，天空下起了倾盆大雨，这对五天来差不多没有分到食物和饮水的战俘们来说，是天大的喜悦，是上帝的眷顾。

大雨使战俘们得到暂时的解脱，日本人忙着找地方避雨，放松了对战俘的管制。

艾伦仰起了脸，张大嘴贪婪地接雨水喝。许多人扒光了膀子，让雨水尽情地冲刷满是污秽的身子，他们伸出双手接雨水，快活地冲洗着天然淋浴。

可是日本兵没等多久，只是雨稍稍小一些时就催促战俘们上路了。这可苦了刚刚轻松一下的战俘，道路被雨水浇得泥泞不堪，脚踩在泥窝里怎么也拔不出来，浑身上下又溅满了泥浆，战俘们个个像泥猴一样。而且菲律宾的天气变化很快，转眼间雨过天晴，太阳像火球一样烤晒着人们，湿衣服很快又被晒干了，热得要命的天气又恢复了。

在庞大的战俘队伍中，有一个美国士兵被俘时还穿着马靴，在半路上日本兵用刀划破了他脚上的水疱，结果他得了痢疾，快病死了，行走很困难。两个美国军人想架着他一起走，一个菲律宾人冲他们三个大喊："日本兵过来了。"两个美国军人赶紧架起他，试图走快一些。日本兵跑到他们面前，一刀捅透了这个穿马靴士兵的身体。两个战友只好扔下他，去追上队伍。

很快地，汤姆森身上的饼干和糖也被日军搜去了。这点最困难时的救命稻草，也被日军无情地榨干了。

就在战俘们行进的时候，素有"作战之神"之称的日本中佐辻政信来到马尼拉。他是个狂热的军国主义者，根本不想优待俘虏。他刚刚在新加坡杀害了5000多名华人，又揣着血迹未干的双手跑到菲律宾来收拾美国人了。

他煽动第14军团的中下级军官的反美情绪，要他们相信，他们和美国人打的是一场种族战争。美国人和英国人一样，是不可饶恕的殖民主义者。对待俘虏，无论他们放不放下武器，都应统统杀掉，美国人跑到亚洲来送死，罪有应得。至于对那些菲律宾俘虏，也不能心慈手软，因为他们是亚洲人的叛徒，美国人的走狗。

行进中，不断遇到的尸体挑战着艾伦的精神状态。在一处散兵坑里，他看

到尸体因为没有人收殓，终日曝晒在烈日下，一具又一具地肿胀起来，像水桶似的乱七八糟地躺着。有些尸体是被炮弹炸飞过的，这儿一只大腿那儿一只胳膊，有些尸体可能是肉搏时被刺刀刺中的，肚子上的裂口肿胀起来，非常恐怖的皮开肉绽着。

漫天的乌鸦并不理会艾伦的忧伤。它们围着尸首恣意地盘旋，啄食，甚至对这些打扰者有些不满，胆小的飞走了，胆大的根本不惧，继续用长长的喙叼出死尸肚子里的肠子。

沿着120公里即75英里的公路，战俘们行进了9天。作为本间雅晴的文官顾问，1942年2月由东条英机派往菲律宾的村田省藏，曾坐汽车走过这条公路，因为在公路上看见了非常多的尸体，于是触动了他向本间中将询问这一情况的念头。

后来，村田省藏在远东国际军事法庭上作证说："我只是因为看见了这些死尸向他问一下，并没有发什么抱怨。"

艾伦和他的朋友到了圣费尔南多后，即被塞进了铁路货车车厢里。货车车厢地方狭小，要求众多的战俘必须站着。因为疲劳和通风不够，所以在车厢中死了许多人。即使这样，艾伦觉得比起徒步行走，还是值得庆幸的。

一名在关押中死去了的，喜欢写诗的士兵，记下了巴丹半岛上麻木的行进者们："这次痛苦的行进，我落下了；在路边，仅留下一具尸体。"

一位幸存下来的美国医生说，在奥德内尔战俘营中关押的战俘"暴露着他们的白骨"。这个战俘营更多充当的是一个中转站，大多数战俘在那里仅仅关押了不到两个月，就被转移到卡巴纳端战俘营。但奥德内尔对于战俘们而言，是经历死亡行军后的又一次可怕体验。

奥德内尔战俘营坐落在一片大平原上，原来是菲律宾陆军建造的一座兵营，还没建完就因战争爆发停工。营房外设有高高的铁丝网，日本人在这座旧营房周围建起木制岗亭，里面的机关枪虎视眈眈地注视着浑身污秽的战俘。铁丝网内，一些只有竹子架子和盖着草顶的废墟，整个营区一派荒芜，到处是一

第一章 沦为战俘

簇簇没人膝盖的白茅草。

战俘们缓缓地走进飘着太阳旗的战俘营，大家被赶到一块草地上。看守们逐个搜身，没收了战俘们身上最后一点值钱的东西。

战俘营的指挥官经义吉雄大尉，是个典型的日本人，矮小、短腿，留着两撇小胡子。在战俘们眼里，他是一个典型的日本军国主义者，是一个连呼吸都带着仇恨的丑陋的家伙。他动不动就大喊大叫，说话时，更显得十分滑稽可笑。

战俘们笔直地站在烈日下，汗流浃背。人人都渴望早点结束他那狗屁演说，好得到饮水和休息。

经义吉雄却喋喋不休，大放厥词。他说："你们对东方的控制将一去不复返了！我们将打倒你们，并且打你们100年，直到你们被消灭为止。现在我感到遗憾的就是我不能把你们的每个人都杀死在战场上。现在你们还活着完全是我们开恩。

"我们不会把你们看作是战俘。你们是劣等种族的成员，我们将会以我们认为合适的方式对待你们。你们不论生死我们都不关心。如果你们敢违背任何规定，你们很快就会被枪决。

"你们的国家已经忘记了你们的名字。你们的爱人也不会再为你们哭泣。你们永远是日本的敌人。"

如此折腾，有的战俘还没有听完经义吉雄的讲话，就倒下了。艾伦的好朋友，亚历山大再也支撑不下去了。两天后，他离开了人世。艾伦永远记得他说过的话："瑞德，我要回家了。"

日本兵不允许他们搞哀悼仪式，艾伦不得不亲自去掩埋自己的好朋友。掩埋过后，他沉思：谁会成为下一个被掩埋的人？当我去世的时候，谁会为我祈祷？

在这里，詹姆斯·萨德勒也走完了自己年轻的人生之路。自1942年2月22日后，新墨西哥州的玛莎·史密斯再也没有收到丈夫或者弟弟的信。

有关行军的情况，在马尼拉市，日本当局严密封锁了新闻界，不许随军记

者报道任何关于这次行军的情况。只有一篇日本人授意的报道在马尼拉《论坛报》刊登出来："4月9日，在巴丹前线投降的战俘们已途经圣费尔南多、巴兰加等地到了长期收容他们的战俘营。要描写他们进入战俘营前一路上的可恶情景是不愉快的，因此本文不打算详谈。"

有的人九死一生，到达了战俘营。可还有一些，永远也到达不了这里。在投降的那一刻，就注定了他们的命运。

巴丹行军的第二天，即4月11日，对菲律宾91师战俘来说，遭遇的是一场灭顶之灾。

菲律宾少校皮德鲁·菲里克斯后来回忆：1942年4月11日晚，战俘们的胳膊和脖子被日军用铁丝一个连着一个绑起来，背对着日本人。这时，皮德鲁少校要求日本人用机关枪来处决他们，或者至少让他们面对着日本人而死。但是这些要求被日本人拒绝了。日本军官开始用战刀砍他们的头。

400多名战俘中只有3个人幸存，九死一生的皮德鲁少校夜里挣脱身上的绑绳，同另外2名严重受伤的菲律宾战俘爬出了丛林，被菲律宾游击队解救。后来，他们来到澳大利亚，向麦克阿瑟汇报了"死亡行军"的过程。这场血腥屠杀的真相才见了天日。

艾伦他们到达奥德内尔后，一些战俘也陆陆续续地到达。在战俘营里，战俘们口口相传一些日军制造的暴行令他们不寒而栗。

在马尼拉，日本兵将妇女强奸后，把汽油浇在她们的头上，点火焚烧。

日本军官还吃人肉。有时候在军官宿舍中，会把吃敌方的肉当作庆祝宴会举行，甚至于陆军中的将级军官和海军中的少将都参加了这种宴会。被杀的俘虏的肉和用这种肉做的汤，竟拿来供给日军士兵当膳食。日本陆军当局对此种行为没有提出任何反对意见。后来日本第18师团司令部不得不下令说，日军可以吃敌人的肉，但不许吃自己人的肉。如发现食日本人肉的情况，应立即处以死刑。

日本军医实施解剖活人的暴行。有一个日本军官在日记里记下这样一件事："昨夜发现和逮捕了2个逃进森林的俘虏……由山路军医活生生地将2个俘房进行解剖，并取出了他们的肝脏。这是我第一次看见了人类的内脏，这很增长了我的见识。"

奥德内尔战俘营接下来的情况，也非常令人恐怖。这是一个卫生条件极坏，充满恶臭的地方。

战俘们吃的是带着汤水的变质米饭，饭中甚至能找到蛆虫。有一次一个战俘正在吃饭，突然像被噎住一样，瞪大了眼睛，歇斯底里地咳出了一条一厘米长的虫子。这个战俘一手捂着眼睛，一手掐在喉咙上，大叫："主啊，可怜可怜我。"

报道死亡行军的报纸（布朗提供）

每个营房可以住40个人，现在却住进了100多个人。床铺上酸臭不已，到了晚上，臭虫会爬到他们身上去吸血。

每天死亡的战俘很多。"我们被动地挖着坟墓，我们是不幸的动物。每天我们都走向死亡，没有思想，没有渴望，有的只是无休止的死亡。"一名战俘写道。

饥饿和维生素缺乏降低了每个人的免疫力，战俘们主要死于疟疾、痢疾、红斑、严重的脱水、脚气病或多种疾病的结合。

几个月后，活着的战俘，有的被押到了卡巴纳端战俘营，有的则被押到了陌生的国度，再一次开始了他们未知的生活。

在巴丹死亡行军中，76000名战俘里大约有21000名死于行军途中和奥德内尔战俘营。巴丹行军和南京大屠杀、缅泰铁路事件并称为"二战"远东战场的三大屠杀事件。

愤怒的麦克阿瑟下令将"死亡行军"事件公布新闻界。可是，就在他下达命令的同时，华盛顿方面也下达了命令，盟国报刊"禁止发布任何关于虐待战俘的暴行的详情"。

美国领导人1943年夏知道了巴丹事件，美国媒体在1944年1月27日报道：（合众社华盛顿七日电）美陆军海军两部今联合公布自菲岛日方拘留地逃出之美军官三人立誓为证之声明。据云：美侨之因饥渴苦行及疾病而死于菲岛新设置俘房营者，超过7700人，他们离开以后，至少又有2500人死于苦刑。日本之待遇俘房至甚痛恨。美国士兵体重由200磅减至90磅。他们本在疲倦及饥饿交迫之下且有多数受伤。此后，无饮无食，被置于烈日之下，迫至死境，凡在身边搜出日本钱或纪念物者一律斩首，至少有美人和菲人各三人被活埋，且有若干俘房当其奄奄待毙呼求食物或饮水时复遭木棒马鞭之笞打或被开枪射击，有时竟裸体暴于烈日之下达数日之久。未死者悉驱作苦工，卒皆不堪其苦，劳瘁以死，所属囚室内俘房奄奄一息，已死之人置于其中，故无不秽臭熏天，宛如地狱。克里几多岛饥饿欲死与遍体沾污之俘房12000人被迫经行马尼拉市中，菲人之馈予以食物或饮水者悉遭鞭打或射击，至少有俘房400名(技术人员)被遣送工厂工作，当三军官启程赴达佛时，另有俘房1000人，亦正解往该地。一俘房营之日籍司令官会告各俘房，他们并非战俘，故他们不能受战俘之待遇，且无各种权利和特权。据陆军及海军部联合声明称，该军官等立誓为证之声明绝无道听途说之词，纯系其身经目睹之事实。

1944年1月28日，英国外相艾登也对媒体宣布了，英国战俘所遭遇到的暴行。

战后，被远东国际军事法庭判处绞刑的东条英机的重大罪状之一，就是在东南亚推行残害战俘的野蛮政策。

关于这次行军，东条英机在1942年曾从许多不同的来源听说过。东条英机说：他接到的情报是曾强迫俘房在酷暑下长途行军并发生了许多死亡者。东条还承认，曾接到美国政府对违法处理这些俘房的抗议，并且在"死亡行军"后不久曾在陆军省各局长每两周一次的会议上讨论过这件事，而他曾将这问题听任各局长去斟酌决定。据东条说，并未要求驻菲律宾的日军报告这次事件，而1943年初，本间中将到日本时他也没有和本间谈到这次事件。

东条英机说，当他1943年5月访问菲律宾时，才第一次向当时的本间中将的参谋长询问过这次事件，参谋长曾向他报告过事件的详情。东条对于他未采取措施防止再发生同样的暴行曾作如下的解释："依照日本的习惯，现地派遣军司令官当执行赋予他的任务时，并不必事事仰赖东京的命令，在实行任务时他具有相当的独断权。"

第二章 临时战俘营

九一八

1931年9月18日，星期五，农历八月初七，还有八天就过中国传统的中秋节。秋天的沈阳冷飕飕的。

37岁的李景阳，此时正徘徊在诱人的食品摊前，看着这个，瞅瞅那个，手里捏着可数的几个钱，舍不得买，又不舍得离开。

他老家河北深县，十几岁开始跟随父辈跑关东。那个时候，东北辽阔的土地，大量的煤矿，像磁铁一样吸引着关里人，尤其是山东、河北的穷人。

白驹过隙。如今李景阳已成家，有了两个孩子。只不过，孩子随老婆仍在老家居住，他一个人在这里赚钱养家糊口。快中秋了，他想买点东西带回老家去，和老婆孩子过一个像样的节日。

李景阳仿佛看到两个淘气的儿子惊喜地扑到他的身上，争先恐后地叫着"爹！爹！"他嘿嘿地笑了。

不止他，好多家庭拮据的人，不管生活条件多么艰苦，但人们还是想尽办法，把平日里积攒的钱都拿出来，买一点点心、水果，过一个美好的中秋节。

李景阳掂掂自己手中的钱，掂的时间久了，竟微微有些汗渍。他回到了桑家坟的住处。这一次，他没有空手而归，而是买了一盒甜点心。

吃过晚饭，他收拾好行李，准备第二天坐火车回关里老家。他还特意把那盒点心用布好好包起来，免得在路上压碎了。

同一天，东北大学的学生宋黎，正在看电影。这一天，学生会组织学生们看电影，为武汉赈灾募捐。

远在美国的王德生（后改名王洽民）等18个人，是东北大学中国文学系第一届毕业生，张学良发放官费去美国留学，他以优秀的成绩入选。1930年漂洋过海来到美国，认真攻读。

这天，北大营东北军的士兵们刚刚领了军饷。他们正在阅兵台搭戏台，准备过中秋节演戏用。陆军独立步兵第7旅第620团3营9连上尉姜明文值勤完毕回到宿舍，已过10点，他正在看张恨水的小说《春明外史》。

生活秩序井然。

却不知，日本蓄谋已久的战争马上就要打响了。

据昭和六年九月十九日《大阪朝日新闻》号外称：1930年7月，在奉天的日本人就对北大营进行了深入调查。虽然是军事禁区，北大营却因其战略地位的重要，日本驻奉天特务机关以各种方式，不择手段地猎取北大营的军事情报。一些日本军官还以"互访"为名义出入营区，对北大营的实际情况进行窥探。九一八前，对于日本关东军来说，北大营已经没有太多的秘密可言。

是夜10点20分，空中高悬一钩弯月，进入梦乡的北大营东北军被西南方强烈的地雷爆炸声和密集的枪声惊醒。东北大学的学生被呼啸而过的炮弹，震得无法再进行募捐。

李景阳也从梦中惊醒，看到沈阳城的半边天都红了。再看看四周，房顶上都是人，大家都站在上面，想弄明白到底是怎么一回事。

原来，日本关东军事先在北大营西南角约五百米处，即柳条湖附近的南满铁路路轨下埋了炸药，炸毁了一小段路轨，诬赖北大营士兵破坏了南满铁路，作为进袭北大营的借口。

其实，日本关东军早已秘密在土围子外面埋伏起来，而西卡子门的哨兵没有发觉。枪声响后，日本兵很快冲了进来。东北

柳条湖标志牌

军621团各营住在北大营最西边，官兵们在睡梦中惊醒，仓促中连衣服都没来得及穿。

日本兵用刺刀扎向士兵，士兵们赤手空拳，无论是破门而逃，还是夺窗而逃，能逃的则逃，来不及逃的则钻到床下。日本兵大开杀戒，东北军被扎死、扎伤很多。

张学良放弃了东北，东北军只有撤退。但七旅旅长王铁汉还是冒着违反军纪的大不韪，向日本打响了反击的第一枪。

第二天天亮以后，沈阳的居民看到日本部队进城了。人人惊慌失措，你一言我一语，都重复着一句话"日本人进沈阳了"。有胆大的人从墙缝里、窗户眼儿偷着看。

本想回老家的李景阳，躲在家里不敢出门，甚至连风吹门板的声音，都令他紧张不已。

就在他高度紧张的时候，传来急切的敲门声。

"谁？"

"我！"

他松了一口气，原来是同在奉天兵工厂上班的拜把兄弟。

"咱们的兵工厂让日本鬼子占了！"兄弟愤愤地告诉他。

"能不能上班了？那可是老帅的兵工厂。"

"门口都写着'进入者杀'，还有鬼子兵把守。谁还敢进门?！"

他们无奈对望，叹息。

拜把兄弟还告诉他，大街小巷张贴了告示，告示说：因为中国军队首先挑衅，日本军队被迫还击。告示的落款是关东军司令官本庄繁。

李景阳这才明白，昨天晚上看到的火光，听到的枪炮声是怎么一回事了。平日里几乎不见踪影的日本兵，真的来了，真的杀进沈阳了。

一夜之间，沈阳城经历了沧桑巨变。繁华的沈阳城不再喧闹，人人噤若寒蝉。

化装成工人的宋黎，早早从东北大学进了沈阳城。大西门前，有几具横曝街头的中国人尸体。沈阳城里一片恐怖，路障纵横，家家关门锁户，店铺紧闭，行人寥寥。全副武装的日本兵，列队在街上行进。趾高气扬的日本浪人，在马路上摇摇晃晃。平时无人过问的古老城门，被日本兵把守着。黄蜂似的日本兵在电杆上忙着架设军用电话。

皇姑屯车站的铁路上停着一辆辆满载大炮的车厢。这些重武器是东北军准备运到关内打内战的，而今已落到日本人手中。铁路两旁，横一个竖一个地躺着中弹的中国人。车厢里拥挤不堪，人人都想逃过此劫，就连过道里都挤满了拖儿带女四处逃难的老百姓。

日本兵头戴钢盔，肩背步枪，腰带刺刀，打着"武运长久"的"膏药旗"放肆地疯狂着。大街小巷到处张贴着日本关东军的"安民"布告。布告宣称中国军队"悍然袭击日本守备队"，扬言他们的侵略行径是"保护民生"。

日本兵由汉奸领着挨家挨户巡查，在一家搜出了军衣军帽，当场给捅死两个人。学校里的青年学生横遭蹂躏，不少男生被杀害，女生被奸污。因为粮店关门，很多居民没有粮吃，居民们拥护着结队买粮，日本兵硬说是抢粮而开枪，杀害了不少人。

沈阳，白天一片白色恐怖，晚上更不得安宁。日本兵在街上任意杀人、捕人，枪声连夜不绝于耳。

当姜明文所在部队退出北大营向山城镇方向前进时，发现日本飞机抛下很多红字传单。一看才知道，九一八之夜，日本关东军不但袭击了沈阳，凡在南满、安奉两铁路沿线的城镇如辽阳、海城、鞍山、大石桥、复县、金县、东溪、凤城、安东(今丹东)等地，同时都有军事行动而被日寇占领了。

一首名叫《沈阳泪》的诗中这样描写：夜色笼罩下的沈阳城，在一片隆隆的炮火声中……荡起了阵阵的哀呼惨叫的悲鸣！那海盗般的日本军阀，擎起了尖尖的枪刺：向着一群剥去短衫的同胞们，在凶狠地一阵阵地乱刺着！啊！一群血肉模糊的男女尸体，倒卧在鲜淋淋的血泊里，更零乱地躺在沟壑旁！啊——有的被割去乳房，有的迸裂着脑浆，在悲惨地哀号，在狂乱地惨叫！……别忘了日本军阀曾经给予我们的沉痛而悲惨的创伤！更别忘了曾经流过血泪的沈阳城！

日本不到一天时间全部占领了沈阳城，4个多月就鲸吞了东三省。可耻的日本，把沈阳市改为奉天市，标志着日本对沈阳全面统治的开始。

几个小时甚至几分钟，就可以决定一座城市的命运。日本不动声色地作着各种准备工作，因而颇耐人寻味。

日军登上沈阳城小西门城墙向城内射击（摄于1931年9月19日）

帝国主义的侵略，随着清朝内外交困的形势变本加厉。日本在1868年明治维新后确定了武力征服世界的方针，推出了大陆政策的理论基础。之后，日本于1894年参加八国联军，进行了甲午战争，取得了利益，加入到瓜分中国的队伍中。清政府被迫承认日本对朝鲜有属地保护权，将朝鲜纳入日本所谓的"版图"，日本把朝鲜据为己有。1900年，日本借镇压中国义和团运动时机，派兵占领从山海关至北京的铁路线。1904年日俄战争，日本完全控制了辽东半岛。但日本对此并不满足，又觊觎中国东北。

值得一提的是，1904年的日俄战争。令人可恨的是，日本发动的这场战争的主战场竟在中国。1905年3月10日，沙河会战在沈阳城南附近的沙河乡展开，由沙俄陆军大将李维尼统率的第一军团30万人，与日军野津大将统率的第四军25万人展开血战，双方的伤亡人数高达16万，占此次参加会战总兵力的29%。

据《日俄战记》记载，日俄炮火所到之处"是物即取，是钱即劫，死于炮雷阵之上者数以万计"。作为当时东北最繁荣的城市奉天则被彻底摧毁！

1905年日本强迫清政府签订了《中日会议东三省事宜条约》，从此日本取代沙俄占领了整个辽东半岛。之后，利用协约国干涉苏俄革命的机会，增兵东北，先后控制了南满铁路和北满铁路，其后，更以保护日资企业和日本侨民的名义，不断向东北派兵。

1930年，大川提出"满洲"是日本的生命线，日本必须进入"满洲"，发展它的经济和产业，并防范苏联。1931年，政友会议员松冈洋右，在众议院第一次喊出"满蒙是日本的生命线"。短短的时间，日本一步步将中国东北视为了囊中之物。

日军装甲车进攻沈阳城（摄于1931年9月）

九一八后，张学良发表讲话："现在日本用暴力占领全满洲领土，在这个暴力之下，牺牲了数千万的财产、数千无辜的平民，现在因为这种暴力破坏了国际的条约，而且更破坏以3000万生命奋斗来的国际联盟，所以我自己很希望日本不要再一意孤行，致使世界受到更人的牺牲而不止。"

中国政府向国联申诉。李顿的报告中因没有提满洲是日本的国土，日本政府竟退出国联，并继续染指整个中国。日本用抚顺的煤、鞍山的钢在奉天建起300多家兵工厂，6年后发动了全面的侵华战争。

不断挑衅，不断制造各种事件，直至发动了九一八战争，完成了日本侵略中国东北的诡计。

自此，东三省人民开始了14年的亡国奴生活。

再看那个时候的中国。1911年辛亥革命后，清政府走到了尽头。1915年，袁世凯登基为洪宪皇帝。蔡锷在云南发起护国之役，袁世凯一命呜呼。张勋的辫子兵，复演出荒唐的复辟把戏。

军阀割据，四分五裂。1916年，奉系军阀张作霖依靠日本取得了奉天省军政大权，但他的日子并不太平。

1928年4月，国民政府举行第二次北伐。张作霖败仗连连，遂向日本紧急要求增加军火供应，日本却借机相逼，要他签署满蒙5条铁路合同。

资本原始积累中他依仗日本，但草莽出身的张作霖，并非糊涂之人，民族尊严他是懂得的。必要时，他要划清阵线，维护民族利益。因此，他在满蒙等涉及主权问题上采取了回避和拒绝立场。

辛苦多年的投资付诸东流，日本人觉得挺委屈。他们更觉得张作霖已经失去了利用价值，于1928年6月4日，制造了皇姑屯事件，致使张作霖不治身亡。

日本人喜欢自作聪明地把所有的中国人都当作傻瓜。他们一厢情愿地想趁张作霖之死沈阳混乱之际侵占奉天，但奉天当局采取了镇静处理的对策，使日本侵略者无隙可乘。

他们又游说张学良搞分裂。张学良顶着压力毅然决定支持国民政府，1928年12月29日，东北升起了国民政府的青天白日旗，同日张学良就任东北边防军司令。

连绵不断的烽烟，遭劫的永远是老百姓。1928年，李景阳从抚顺来到沈阳，去了张作霖的兵工厂上班。张作霖遇害后，沈阳的日子不太平。李景阳跑回了河北老家。

回到河北老家，李景阳告诉大儿子李立水的第一句话是："日本人炸死了张作霖。日本人很坏。"

在老家，李景阳时常回忆起闯关东的经历。1911年，他随父亲来到东北。他没有一技之长，只能卖力气，和老乡一起去了煤矿。1921年，他来到抚顺煤矿。那个时候，抚顺煤矿已经被日本人侵占了，日本1904年侵占后设立了抚顺采炭所。

为了增加出煤量，日本鬼子向中国人张开大口，只要来干，就要人。虽然很危险，可是李景阳还是去了，并在那里一直干到1928年。

据统计，抚顺煤矿的煤产量，在九一八战争前达700万吨，1929年更是达到创纪录的851.9万吨，占东北煤炭总产量的69%。大量的煤炭被输出和运往日本。抚顺煤矿运往日本国内的数量占煤矿总输出量的50%，占到日本煤炭进口总量的60%～70%。在1929年当年运往日本的煤达到了180多万吨。

到1936年，抚顺煤矿年产量达到900多万吨，占全国煤产量的30%，占东北煤产量的77%。

日本人对矿工非常冷酷无情，稍不对他们的脾气，便又打又骂。李景阳靠着年轻力壮，艰难地挺了过来。后来，他实在受不了日本人的气，并且无休止的开采，已经造成很多起事故，死了好多人。他和其他7个拜把兄弟商量后，离开那里，去了沈阳张作霖的兵工厂。

李景阳在老家待半年后，听人说局势稳定了，他又一次告别妻儿，来到了沈阳讨生活。

工人的日子不好过，农民的日子也强不到哪儿去。

辽阳灯塔十里河站前村的葛庆余，弟兄仨，1921年出生的他排行老三，是家里非常宝贝的"老疙瘩"。父母宠他爱他，供他读书，希望家里出一个有文化的人。

葛庆余放学后，就和父母哥哥一起去种地，日出而作，日落而息。农民总是安于这样的命运安排，固守着自己的土地，春天播种，秋天收获。

不管时代多么动荡，对村里的农民没有多大冲击。当时的农民，世代耕种，不求大福大贵，但求有饭吃，有汤喝。他们对政治的变迁、民族的兴亡，比较冷淡。

更何况那时候东北人吃饭不成问题。张学良晚年在台湾接受凤凰卫视采访时说，"为什么东北人民这么怀念老帅？因为我们父子没刮过地皮。"

年龄虽小，葛庆余却依然隐隐约约觉得，那个时候的东北乡下，早已不是太平村了。

在中国东北居住的日本人"截止到满洲事变为止"，"关东州为10.6万人，满洲国10.8万人，计21万余人"。但其中绝大多数是从事工商业、铁路业和"关东州""满铁"的官员、职员及其家属，真正有组织的日本"内地人农业移民，由于受关东州及满铁附属地的局限"以及日本移民政策的失误和移民的经营不善等原因，到九一八前，日本在中国东北移民"仅有千人"。

就是这些日本人，为虎作伥，在中国的土地上指手画脚，随意占用庄户人赖以为生的土地。

东北人民生活在水深火热中，日本却有条不紊地实施其统治。

1931年9月21日，土肥原贤二任奉天市市长。

对于此人，英国驻日本大使罗伯特·克雷吉曾说："历史将无可辩驳地表明，日本陆军的既定政策就是挑起各种争端，从各种挑衅事件中取利。在所有这一切阴谋诡计、阿谀讨好和凶相毕露的威胁声中，日本方面有一个小人物始终在活跃地上蹿下跳。那就是土肥原贤二大佐所扮演的角色……无论什么地方，只要有他沾边，哪怕是写上几个字，作上一番鼓动，就注定要出乱子……无疑，他搞这一套的功夫是炉火纯青了，他在中国的各社会阶层中制造纠纷，一般是无往不胜的，借此而为侵略者铺平道路。"

土肥原贤二1928年3月出任张作霖的顾问。所谓"成也萧何，败也萧何"。仅3个月后，土肥原与关东军高级参谋河本大作密谋，策划了皇姑屯事件，将张作霖置于死地。

1931年9月24日，日本在沈阳建立了满洲国傀儡政府。

自九一八后，关东军逐步掌握了伪"满洲国"的公共事业和金融机关的统治权。1931年到1936年的5年期间，调查原料、设立新工厂和改良交通的事业，与纯粹的军事设施是同时并进的。1937年1月，关东军制订了一个开发伪"满洲国"经济和产业的五年计划。

日本的移民人数迅速增加，当时达到了39

日军封锁行人

第二章　临时战俘营

日本兵横行沈阳城

万人。其中大多数在必要时都可以当作军队使用。1938年，沈阳772000人口中，就有9万以上的日本人，1943年，全市有190余万居民，其中有一部分是日本的军政官吏，占领机关的职员、大工商业家等。而到1945年，日本人已达到全市人口的四分之一左右。

所有这些发展，日本军事当局都是通过关东军来施行统治的。根据1936年6月10日条约的规定，一切对日本人有影响的法令，都必须得到关东军司令官的批准，而关东军司令官通过他的部下，完全支配着伪"满洲国"的内政。

远在辽阳的农村，仍然逃不了厄运。葛庆余家所在的站前村，家门前就是铁路，沈阳至大连，长春至大连的火车都从这儿通过。这里有日本人盖的很坚固的房子，作为一个站，发挥了很重要的作用。

每次放学回家，葛庆余都要经过这些铁轨。他想，要是没有这些铁轨，日本鬼子是不是就不会占领他们的地了呢？有时，他甚至想去炸了这些铁轨。

有一天，他一进屋，连着喊了几遍"爹"都没有人回应。葛庆余知道父亲肯定又去了地里。果然，他在自家的麦田前找到了父亲。父亲眼里含着泪水，那是一个农民屈辱和心疼的泪水。曾经的麦田荒芜了，丧尽在炮火中，瓜田也没有了，反倒是黄黄的蒿草疯了样地扎根地里。

葛庆余将父亲劝回了家。此情此景，徒增伤感。他们已经是亡国奴了。

日本人侵略后，他们的境遇变得诡异起来。好好的土地没有了，明明是自己的土地，一转眼就变成了日本人的。大量的日本移民成了这片土地的主人。

葛庆余并不知道，那个时候的农民，境况跟他们一样的不在少数。

九一八前，东北有耕地1700多万公顷，可耕荒地1600多万公顷，从事农业生产的人口占居民的80%，主要谷物的产量达到1870万吨，农业资源丰富，自然条件良好。九一八后，日本对粮食实行低价强制购销，强迫农民售粮，不少农民家破人亡。

据1943年11月，满铁奉天调查室写的《满洲农地造成及改良事业实施状况调查》报告中说：日本利用"满洲拓植公社"和"满洲国"政府的"开拓总局"等机构，对中国东北的已耕地和"未利用土地"进行了大肆掠夺。

在奉天城里，张作霖的奉天兵工厂已被日本人占领，并更名为奉天造兵所。生活无着落的李景阳只好又一次来到工厂上班。那盒原本想带回去过中秋节的甜点心，早已变质。

从住处到兵工厂，李景阳看到，穷人家居住的小茅屋一座一座地分布着，有的只留下残墙，有的也许是被炸弹带走了屋盖，房身整整齐齐地摆在那里。他们这些工友给日本人干活，看似有一份工作，却生活得异常艰苦。

李景阳住在小小的茅屋里，连桌椅最简陋的家具都没有，土炕代替了家里的椅子、桌子和床，稻草垫子和高粱秆做的垫子就是最好的铺盖。工资勉强糊口。他想着老家的妻小，不敢放开肚子吃饭，每天只吃两顿饭，主要是高粱米做的粥和饼子，没菜，就着葱和蒜。

就这样过了6年。1937年，日本发动全面侵华战争后，李景阳所在的河北深县也成了重灾区。这些都是日本华北方面军总参谋山下奉文干的。

学校黄了，大儿子李立水不能上学了。他念书成绩一直很好，4年来，每次考试都是第一名。他很想成为一名秀才。如今却被日本人搅黄了。

1938年，李立水哭别母亲和弟弟，去了奉天投奔父亲。爷俩都在奉天造兵所上班。

同厂的好多工人因为营养不良和流行病而失去了生命。在工厂里，中国工人多半做最沉重的粗工，工程师、技术员和技工多数由日本人充当。

可气的是，日本移民到中国之后，他们倚仗日本帝国主义的势力为所欲为，强占中国老百姓的房屋、土地。

葛庆余家周围好多村子的地，都被日本人霸占。许多老百姓被迫以草根、树皮和野菜充饥。经济上的残暴掠夺和榨取，使当地百姓的生活陷入极端悲惨的境地。很多人活活饿死。

但中国老百姓也不是好惹的。

冲突一次次暴发。伪满报纸上几乎每天都可以看到某村某人夜袭友邦的消息。

辽阳县太子河一带，因为强占老百姓的土地，4个日本人被打死。

海城县驼龙寨，活埋过2个日本人。

……

只要有日本人的地方，就有反抗和斗争。

1931年九一八战争爆发后，王德生这些热血的东北青年，纷纷要求回国打日本鬼子。他回国后，给张学良写了一封信。当时张学良在武汉鄂豫皖三省剿匪总部任副司令。张学良收到王德生的信后，要他到武汉来做自己的私人秘书。西安事变前夕，王德生等文人被张学良解散。他随即转到甘肃学院教书，并改名王洽民。

作为东北军的后裔，王鄂常常听父亲王洽民讲起日本侵略中国的历史片段。这对他的人生有了很大的影响。

他说："我们要注重防备日本帝国主义，日本帝国主义很可怕。日本帝国主义从来没有放弃对中国的伤害。"

"侵华战争时，日本对中国的伤害，不仅仅是经济上，把中国的财富掠夺回日本，完成了它的积累和复兴。更有甚者，日本有计划地杀掉了许多中国的知识分子。这个影响不是一天两天可以恢复的。"

王鄂语重心长地说："我们要提高对日本帝国主义的警觉，要时刻警惕。"

剖析历史，我们有理由相信，这绝非危言耸听。

北大营的冬天

截止到1942年，日本人已经统治奉天11年，玉米、大麦、大豆、煤炭、木材、工厂企业，养肥了一海之隔的日本本土，使他们在战争中有更多精力，更放肆。日式的戒律和体制，东北的劳动人民只能被动地承受，更何况是沦为俘虏的士兵们。

1942年10月6日，包括奥利弗·艾伦、罗伯特·罗森达尔在内的1000多名巴丹的难兄难弟们，被强行挤进"鸟取丸"号的一个船舱里。这是一艘蒸汽轮船，船上挤得没地方立足，就连睡觉都要轮流。船缓缓地驶离了马尼拉港，踏上了未知的旅程。

艾伦非常清楚，他们是被日军从菲律宾的战俘营里挑选出的。而1940年，艾伦和许多战友们就是在菲律宾马尼拉港7号码头登上了菲律宾的土地。那个时候，美国的武器和给养源源不断地运到菲律宾，他们根本没想到战争会变成这样。一年之后，他们又一次来到这个码头。

一年的时间，世界格局已是天壤之别。

按照日本帝国的指导思想，是不可能让战俘白白吃闲饭的。事实上，战俘们并没有吃到多少饭，喝到多少水，甚至连最基本的生活条件都满足不了。

对待战俘，日本有它自己的策略。1942年5月6日，陆军次官将关于使役俘虏的政策通知台湾军参谋长："可以利用俘虏来增加我方的生产及从事军事方面的劳务。将白种人的俘虏逐渐地监禁在朝鲜、台湾及满洲。对于不合我方增加生产之用者，应在当地迅速设立俘虏营监禁之。"

上船后，战俘得到一份"俘虏规则"，规则中规定了各种苛刻的条例：不许高声谈话，不许随便走动，不许攀登船上的梯子……如有任何反抗的意向，大日本帝国海军必定严惩不贷。

上船第一天，艾伦就染上了疟疾。他一会儿冷得不停地打哆嗦，哭着喊着

第二章 临时战俘营

要毯子，一会儿又热得大声尖叫起来，身体像着了火。

"这可太糟糕了，我才刚刚上船。"艾伦心里暗暗叫苦。

他向上帝祈祷，不停地祈祷。终于，上帝听到了他的声音，艾伦得到了美国医生的一瓶奎宁。这使他转危为安。

日军占领东三省兵工厂

罗森达尔就没有那么幸运了，他因为痢疾严重，很快就倒下了。对于生病的战友，难友们都尽其所能地照顾着。

船上除了一个舱口外没有任何通风设备，夜晚舱内漆黑一片。呻吟声不断，饥饿，病痛一齐袭来。

没有食物，战俘们坐卧难安。自被俘后，一直没吃过一顿饱饭，他们现在实在想不起吃过什么像样的食物。丰美的大餐，已成了遥远的梦中记忆。

船上一片昏暗，拥挤、污浊。人们渴疯了，只好喝尿。

第三天，船身发生剧烈的震动，它来自于一艘美国潜艇的攻击。这都是日本人惹的祸。日本人没有按照国际惯例，在船上悬挂押运战俘的红十字旗帜标记，致使美国潜艇将其误认为日本军舰而实施鱼雷攻击。

侥幸逃脱鱼雷攻击的"鸟取丸"号，继续向北行驶。

一天，两天，三天……战俘们度日如年。

第10天，他们等到了第一顿救命的食物，但这些压缩饼干分发得十分混乱，有的人得到一点点，有的人得到很多，有的人什么也没有得到。战俘们没人组织，没人管理，他们就是一帮名副其实的"战俘"。

21日，在海上航行了半个月后，体质原本还说得过去的战俘也都不同程度地病倒了，有2个战友坚持不住，离开了人世。战俘们为他俩举行海葬仪式。

"上帝保佑你们找到回家的路。"

感同身受，战俘们特别难过，特别沮丧。

日本船长对他们的宗教信仰却不予理会，大声呵斥着把他们像畜牲一样赶回舱里。有一名战俘想收起国旗，日本船长却一把扯过国旗扔到了海里。

战俘们眼睁睁地看着米字旗漂浮在海水里，起伏不定，越来越远，感觉自己也离祖国离亲人越来越远了。

日本兵闲来无聊，常会捉弄战俘。他们偶尔会朝船舱扔几支香烟，看战俘们一哄而上，你抢我夺，他们却高高在上地大声嘲弄。

"看，美国人！文明的美国人。"

"嗨嗨，美国杂种。"

"美国佬没什么可神气的，不堪一击。"

日本士兵挖空心思，绞尽脑汁，搜刮最恶毒的语言来攻击和羞辱这些美国战俘。

但当日本士兵第二天故技重演时，他们没有看到预期的效果。那些美国战俘冷冷地看着一根根香烟落下来，却没有一个人主动去捡，更别说抢了。日本兵顿时也失去了兴趣。

船到达台湾高雄港，战俘们都被赶下船，被日本人用水枪浑身上下冲洗了一遍，又押回舱内。一个战俘没有熬过去，离开了人世。

"鸟取丸"号继续它的使命。

随着舱内温度越来越低，日本人也不再提供足够的药品，越来越多的战俘不断死去。日本人不允许举行任何仪式，直接把他们抛到海里去了。

艾伦和身边的战俘说："上帝会惩罚那些双手沾满鲜血的人的！"

许多战俘患有痢疾，日本人为节省舱内的空间，从舱口吊下几个木桶，患痢疾的战俘争先恐后地挤向便桶，那些实在憋不住的人只有拉裤子了。舱内空间狭小无比，其他人无法躲让，屎尿都流到了他们身上。

更糟糕的是，盛满了粪便的木桶漏水，日本人把木桶拽上舱口时，桶里的粪便就洒在战俘们的身上或头上。舱里臭气冲天，实在难以忍受。这使得不少

第二章　临时战俘营

战俘晕船呕吐起来，连肠胃都快呕吐出来了。

天气越来越冷，尤其是到了夜晚，寒气袭入舱内，战俘们都冻得缩成一团。他们身上只有一件夏装，几乎等于赤身裸体，为了能够活下去，只有相互挤在一起取暖。

日本奉天宪兵队张贴布告

战俘们绝望了，这样下去，就算不病死，也会被冻死。

第33天，即1942年11月8日，"鸟取丸"号抵达朝鲜釜山港。战俘们被赶下了船，因为长时间的蜷曲，使得战俘中的很多人不能正常行走。于是他们互相搀扶着走下"鸟取丸"号。

上岸之后，日本人命令战俘们脱掉所有的衣服，一丝不挂地站在船上，战友们看着彼此瘦骨嶙峋的身体，心情复杂，黯然伤神，有的竟悄然落泪。

一会儿，日本人个个头戴防毒面具，手戴着长手套，背着喷雾器，绕着战俘们走来走去，不停地向他们身上喷洒消毒药水，打扫他们身上的虱子。

艾伦冻得浑身发抖，就像筛子一样摇摆不定。

随后，日本人扔来了成捆成捆的东西。艾伦打开一看，有皮大衣、皮帽子、皮靴、棉衣和内衣，全都是新的。日本人倒想到了，白种人大块头，所以发放的靴子都是12码和14码的。靴子旁边还放着一捆草，把靴子拿来，抓来一些草塞到里面，就能够穿上走路了。

艾伦心头一阵惊喜，难道是战争结束了？可是，他高兴得太早了。

原来日本大本营开始"良心"发现了，他们也为战俘的死去感到"惋惜"了。他们命令负责输送战俘的船只，保证战俘在抵达目的地时"可以担任工作"。日军大本营已向其各个部门发布了一项新的训令："无论如何，从利用战俘以改善我们战斗实力的这一点来看，改善战争俘虏的健康条件，亦属绝对必要……"

下午3点半左右，战俘们被押上了火车。在火车上他们竟吃到了盒饭，一个小纸盒里面盛着米饭，几条鱼和一些泡菜。这是他们被俘7个月来吃得最丰盛的午餐，也是他们第一次吃到与日本士兵同等的伙食。

1328名美国战俘到达朝鲜汉城（今为韩国首府首尔）时，又迎来了一批新伙伴——100多名在新加坡战场被俘的英军战俘和澳大利亚战俘。

3天后，他们到达伪满洲国的奉天。

他们对奉天一无所知，奉天的关东军却对他们早已熟悉。日本早在1942年5月就发布通知："将继续在朝鲜、台湾、满洲等地拘禁白种人的俘虏"。

1942年11月11日，奉天下起了雨，到了傍晚，又下起了雪。冷雨夹着冰雪一个劲地洒向这个城市。地面已经上冻，路面上的冰有半尺厚，到处都被冰覆盖着。奉天人，对这种鬼天气早已经习以为常。而对那些刚刚到达这里的战俘们，则意味着层层考验的开始。

1428名战俘从被俘那天起，一直在不断地领教着日本人的手段，只是万万没有想到，日本人会把他们押到这冰天雪地的一片荒芜之地。殊不知，日本人可不做亏本的买卖。看看这些战俘的背景，他们大都是空军、海军、海军陆战队、陆军航空兵、步兵、炮兵、通讯兵、工程兵和医务兵等各大军兵种。可见，日本人翻越千山万水把他们押到奉天来，是有目的的，绝非关押到这里那么简单。

晚上，战俘们到达了北大营。此时的北大营，距1931年九一八战争已经11年。战争的创伤，使得这里还是一片狼藉，千疮百孔，没有人烟，荒凉得一如这灰蒙蒙的天气，让人绝望。

大家都盼着能尽早进屋子里暖和暖和，日本关东军却没有这么好心，好像要故意戏弄这帮精疲力竭的战俘。这样站着比坐在轮船上更让人受不了，战俘们本来以为能够安全着陆，可以踏踏实实地松一口气，谁能料到会是这种局面。

美国海军陆战队第4师下士罗伊·韦弗以军人的姿势站着。以他现在的体质，倒下都不想起来，更别说是站着了，但这位1938年就参加海军陆战队的优秀战士却向上帝一再保证：一定要站住，一定要站稳。

韦弗的头脑一片混乱，站在这里做什么，迎接自己的将是什么样的命运，这些未知数搅得他头都要炸了。

风雪交加的奉天，让他印象如此深刻。在朝鲜发的皮大衣、皮帽子、棉衣穿在身上就像没穿一样，风雪毫不费劲地侵蚀着他的每一寸肌肤。

"太可怕了！太可怕了！上帝呀。"他一遍又一遍地祈祷。

韦弗迷茫了。这1000多名战俘都迷茫了。

站在队伍中间的韦弗清楚地记得，这一天是第一次世界大战停战日。作为军人，他们都讨厌战争，盼望和平。可他觉得，今时今日，对维护和平为国家而战的他们而言，无疑像是生命的终结日。

2个小时。这一站，竟然会是2个小时。

2个小时后，战俘集中营的司令官松山大佐出来训话。战俘们被要求严格遵守战俘集中营里的规定，严格执行命令和指示，要向所有的日本士兵鞠躬敬礼。

一进营房，韦弗失望透顶。所谓的营房，就是半地下式的木板房，墙壁用泥土垒成，地面以上的部分是用木板钉成的，房顶用草席子搭盖着。屋里是非常简单的上下两层大通铺，日本人还煞有其事地砌了火炉，却一点暖意也没有，待在屋里跟屋外没多大差别。韦弗还不知道，这些房子也是日本为了安排他们这些战俘应急修建的，也仅仅修好20多天而已。

第一顿晚饭，韦弗觉得自己就是喝了一肚子汤，喝汤这个轻而易举的动作，此时，对饥肠辘辘的他也是妙不可言，已没有理由去考虑是否能提供营养了。

晚上，他翻来覆去睡不着，肠胃一直在喊饿，身体一直在叫冷。他看看周围的战友，这些可怜虫们，都把被子紧紧地裹在身上，似睡似醒。

晚上睡不着的时候，韦弗爱想一些事情。如果他出生在和平时期，那必会走一条读高中大学参加工作这样平稳的道路，但因为战争，改写了他的人生。19岁，他随着自己的心愿，光荣地成为了一名海军陆战队队员。1940年7月，因战事需要，他随海军陆战队到了菲律宾。

那个时候，尽管罗斯福总统一次次向父母们保证："你们的孩子不会被卷入其他任何国家的战争之中。"但1941年12月7日后，他食言了。

对日开战，让韦弗的父母非常担心。他试图缓解他们的紧张情绪，因此在菲律宾开战后不久，给家里发了一封报平安的电报：亲爱的妈妈，我在这里一切都好。我暂时不能写信了。我爱你。上帝保佑你健康。

韦弗知道，作为家里的独子，从他当兵那天起，妈妈的心就跟着他一起征战。现在他已经成为战俘，美国国内应该会得到消息了吧？妈妈也会得到消息了，不知道妈妈怎么样了？她还好吗？他不敢继续想下去。

23岁的他，是随温赖特将军在科雷吉多尔岛投降的。那是1942年5月6日中午12点左右，韦弗接到命令降下美国国旗。那一刻，解脱与痛苦交织着、纠缠着，使他的心情复杂极了。

这1.5万人，比先前投降的7.6万人稍好一点的是，他们没有经历死亡行军。但后来在战俘营的待遇都是一样的。日本人的残酷，使他们的身体素质以最快的速度下降。

第二天，韦弗看到，这里有10多座营房，四周没有墙，用铁丝网围着，营区每隔不远就有一个岗楼，戒备森严。距营房不远的地方还有一个纪念碑。

营区的小路上是炉灰渣子。看到这些黑乎乎的东西，韦弗却嗅出了温暖的味道，他多想自己的宿舍也能生上炉子。他又想起昨晚分到手的面包，也和这些煤渣一个颜色。他是怎样极力地忍住呕吐的反应，吃下了它。

早晨6点，美国战俘司号员吹起床号，日本人开始点名。战俘们被要求必须学会用日语从左到右喊出自己的战俘编号，个人的编号缝在衣服上。战俘编号必须说对，说不对的话，日本人会用枪、战刀或手头有的东西把他打倒。

见到这些，韦弗内心深处发出一声无言的抗议，可他深深领教了日本人的野蛮，此刻只有屈服。

这一种极大的羞辱。他无法忘记，自己的号码是610号。

从这以后，他渐渐淡忘了自己的名字。

第二章　临时战俘营

早晨洗脸很平常的一件事，韦弗发现，在这儿，居然需要拿出十足的勇气。手放进水里，再拿出来就冻得通红，好像结了一层薄冰。

早饭是土豆稀汤和发了霉的米饭，午饭和晚饭是杂菜汤和玉米饼。这样的食物供给，使得他们的体重都迅速下降。初来乍到，韦弗的体重骤减50磅。

对战俘们而言，饥饿是最大的生存威胁。有的战俘去厨房偷吃的，被日本看守发现，会被关禁闭，不许坐，不许躺，只能整天站着，否则就要挨刺刀。

他们的伙食不仅严重匮乏，而且没有质量可言。营养不良严重威胁了他们的生存。

越来越多的人患上了严重的坏血病和脚气病，并且有好多人为此失去了生命。战俘们把脚埋在雪里，能够把雪热化了。有的战俘脚肿得实在太厉害，看守的日本人就把竹管插入他们的腿中往外放水。

罗兰德·凯尼斯·特沃瑞，因为营养严重匮乏染上了脚气病。战俘营里根本没有药，他所能做的就是在医院里等着，是死是活，只有等。

他患脚气的双脚和双腿就像是火在烧，又仿佛是钢针扎在发炎的部位。只好把雪敷在腿上以减轻疼痛。更加严重的战俘则是发炎的双腿会肿胀得十分厉害，肿胀从脚上开始，沿着双腿向上发展，等到肿胀的部位发展到身上，人就死了。

特沃瑞有一个好朋友，也得了脚气病，整天拖着肿胀的双腿蹒跚着，嘴里不停地鼓励自己"我能挺过去"。但，他还是死了。有好多战俘第二天早上醒来时，身边的人不知什么时候已离开人世。战俘们不时遭受着这样的精神打击。

由于食物奇缺，患疾后得不到治疗，平均每天都有人死亡，开始尸体被运到火葬场火化，后来随着许多人死去，日本命令战俘们直接掩埋死者的尸体。墓地在营地以北，那里有一片秃树林。冬天地冻得很硬，挖起来很困难。日本人便将一间储藏室作为停尸房。

有时候，日本人简单了事地把那些呼吸微弱的人，也当作死人一样扔进停尸房。

霍华德·卡特，有一次因为脚气病病得很严重，躺在铺上动弹不得。日本人以为他死了，就把他扔到死人堆里。卡特非常微弱地动了一下身体。

"上帝，他还活着。"战俘中有人喊了一声。他是一位国际红十字会医生。

日本人不以为然，以为医生看花了眼，没理会他。医生再三请求，日本人才把他拉了回来。

幸运的卡特总算捡回了一条命。

在战俘营要想生存下来，是绝不允许生病的。因为日军只有等到战俘们病得快不行了才让你住院，所谓的住院，就是无药可医，无人照料。绝大多数走进医院的人，都进了停尸房。"它不能被称为一所医院，它仅仅是一个让人在那里等死的地方。"韦弗回忆说。

平时，韦弗即使有病，能自己忍住就咬牙坚持住，祷告上帝给他自愈的机会。有时，自己的体能已经无法抵抗的时候，美国医生会给药吃，但一般都没有药。药品，是极度珍稀的东西。

桑岛，是日本外科医生。这位白衣使者很邪恶。他对战俘生病一点都不关心。有一次，他为了确认战俘是不是患了痢疾，竟然让病人围着操场跑，有的病人脚上什么也没穿，光着脚跑在零下十几度的操场上。他的理论是，病人没有出现虚脱或者拉肚子，就没有痢疾，可以去干活。

等战俘营医院形势比较稳定一些后，这位桑岛医生竟把国际红十字会送来的药品据为己有，进行交易，从中谋取暴利。

即使病了，日军也不允许你休息，要求继续做事，除非病得很重，无法操作自己的工作。很多生病的人都会祷告：上帝啊，请给我们一个机会，不要在这个陌生而遥远的国家，让我们像畜牲一样死去。

万能的上帝一直是他们的支柱。他们认为上帝是不会抛弃他们的。

即使是这样祈祷，战俘营里仍有人不断地死去。睡在约翰·利帕德上铺的两个战友先后死了。睡在韦弗身旁的两个人也死了。圣诞节前，又有一个人死了。死讯不断传来，每天都有人死去。

"1943年3月，在一个寒冷的日子里，我们一天就掩埋了176名尸体已经冻硬的战友，这些战友们大都是在我们到达后90天的时间内死去的……到冬天结束时，死亡人数已经上升到205人，占所有在押美军士兵战俘人数的17%以上。"凯尼斯·特沃瑞说。

1943年2月中旬，一个由10名军官和20名其他级别的日本军人组成的调查队，来到战俘营调查为什么美国人有这么高的死亡率。调查队里的日本人对存放在停尸房里的人进行了编号，解剖。十几天后，他们得出调查结论："普通的腹泻，一般并无致命危险，但加上营养不良，低劣的卫生条件和药物匮乏，已证明是致命性的条件综合。"

在不能改变环境时，战俘们唯一能做的就是改变自己的心态，他们要坚持，要乐观，要等着回到美国的那一天。他们不断地对自己说"情况并不是太糟，我能够活下去！"

有一次，艾伦得了疟疾，美国医生已经没有药可以医治他了。

"事情总不能就这样算了。无论如何，我得活下去。"

艾伦决定自己想办法。

对日本医生而言，疟疾只是小儿科，没必要吃药，即使有，也不给。艾伦主动到医务室去观察情况，寻找机会偷药。后来终于让他逮到了机会。第二天，他的潜伏计划成功了，他偷到一些奎宁。身体，慢慢地康复了。

在艾伦看来，他的父母亲朋好友一定以为他在这个世界上失踪了。他们只知道他被遗弃在巴丹岛。别说父母亲朋，就是他们自己也没有想到，会被押送到东北，会被像狗一样对待。

艾伦想起刚来时一位管辖战俘营的日本军官的话："战俘营将是你们今后几十年生活的地方，等美国战败之后，你们的家人可以来看望你们。日本一定会打败美国……"

可惜这番豪言壮语，没有人相信。战俘们想尽办法，与日本人捉迷藏。

第一个圣诞节来了。4卡车的蔬菜和面粉，1卡车的肉，由战俘们轮流扛到厨房。这下，战俘们高兴坏了。他们趁看守不备，把肉、胡萝卜、土豆纷纷藏在雪地里。靠这些，一部分战俘度过了一个像样的圣诞节。

没有吃的，他们就去偷，至于怎么偷，大家各有办法。说起来，还是格罗凯特的办法最没有风险，他整天围着集中营里为日本兵做饭的厨师转，指着胡萝卜或者西红柿之类问个不停，"这东西是什么？""真的能吃吗？"厨子把这个美国兵当白痴了，于是准许他尝尝。格罗凯特装出将信将疑、半推半就的样子，将东西一一塞入嘴里。

他们还捕杀野狗。有的战俘偷偷地从厨房弄来馒头，骨头作为诱饵放在营地中间，等狗走进来，有人拉绳子套住狗腿，有些人上前将狗打死，一块分了吃。

捕杀野狗的创始人还是格罗凯特，他不但吃了狗肉，还用狗皮做了一双鞋。附近村子里的狗，差不多都被战俘们偷吃光了。随之，狗肉黑市交易市场活跃起来，8盎司狗肉可以换10支香烟。

格罗凯特是美国陆军德克萨斯骑兵团的士兵，战后多年被战争综合征困扰，1982年死于心肌梗死。

当然，能够吃到狗肉，这是他们住得近的好处，那些住得远的战俘可没那么好运了。韦弗讲起他的这段经历时，对没有吃到狗肉仍感到遗憾。

为了生存，他们挖空心思，想尽一切办法。日本人的厨房后有个垃圾堆，他们会瞅准时机，从中捡一些橙子皮、烂萝卜块、洋葱头、茶叶等。

并不是每个人都那么好运气。罗伯特·布朗，一次渴得要命，在走路的时候忍不住跑到路边的一个脏水坑边喝水，结果被一个日本兵用枪把打成了脑震荡。

奉天的雪又多又大，是战俘们印象深刻的事。遇到下雪，他们被命令必须马上把房顶上的雪扫下来，否则屋子会塌顶。这也给战俘们阴暗的生活增添了一点乐趣。绝大多数战俘都是二十岁左右的年纪，爱玩好动，他们常常一边扫雪，一边偷偷观察日本看守，趁看守一不注意，就玩起打雪仗。

战俘们都通过自己的方式寻找快乐，不论是什么快乐，哪怕是上面有一片天空的简单风景，白天或夜晚的一个小时，哪怕是自己的一个梦，梦中的自言自语，都给他们的日子涂抹了些许亮色。

第二章　临时战俘营

战俘们领教了尘土飞扬和泥泞不堪的道路，领教了尖利的石头，领教了刺骨的冰雪。他们却都顽强地活下来了，只是因为，他们不想死。

战俘们非常渴望日本人发发善心，改善他们的生活。日本人却不这么想，把战俘整得死去活来，是他们乐于享受的事情。

1942年6月25日，总理大臣东条英机发出训令："在日本，我们对于俘虏既然具有自己的观念，那么在待遇上自然也多少要与欧美各国不同。在处理俘虏时，你们自当遵守各种有关规定，以期处置得当……但同时应不使他们有一天不劳而食。应充分利用他们的劳力和技术来增加我国的生产，并应努力使其有助于大东亚战争的实行而不让有任何人力的浪费。"

为了不浪费这些事先挑好的美国人、英国人和澳大利亚人的技术，到达北大营的第二天，日本军官就到各营房视察。他们给每个战俘都发放一张表格，要求详细填上自己的技能和工作经历，并写明各自军衔和番号。如有违令，将受到军法审判。

等战俘们的身体稍好点时，他们被押送到满洲工作机械株式会社（MKK）去工作。这是当时使用盟军战俘最多的日本工厂。

18岁的李立水，已经在满洲工作机械株式会社工作了半年多。他和父亲李景阳，还有高德纯等500多中国工友一起，为日本人创造着财富。

他很怀念在河北老家的日子。那时，父亲在东北做工，母亲在家里种地，他每天无忧无虑地生活。早上上学读书，晚上放学回家帮母亲做点家事或者带弟弟出去玩。他和弟弟两个人，春天去地里采野菜，夏天去河里摸鱼，冬天堆雪人打雪仗，日子惬意十足。日本全面侵华战争爆发后，老家待不下去了，他不得不跟着父亲去做工。

奉天造兵所里的中国工友被分成好多小组，每个小组都安排一个日本小孩进行监督。别看日本孩子小，却也十分蛮横。有一天，这个小孩老挑李景阳所在小组的毛病，好像玩乐一样不停地催促工人。李景阳看不下去了，上前狠狠地踢了他一脚。谁知这一脚被老鬼子看见了。第二天，工厂的翻译偷偷地对李景阳说:"老李,你赶紧走,日本人要收拾你。"

于是李景阳跑到了满洲工作机械株式会社。父亲走后,李立水的处境非常危险。不时有日本人问李立水:"你父亲到哪儿去了。"李立水说:"回关里老家了。"时间一长,日本人也不相信他的话了。

一个月后,周翻译又告诉李景阳:"赶紧把你儿子弄走吧。要不然日本人就对他下手了。"1942年,李立水也被偷偷接走,跟父亲进了同一家工厂。

李立水是个有心人,来厂后不久,他看到墙上贴满了"攻陷马尼拉"的大字报。时间不长,他又听周翻译说:"咱这儿将要来一批劳改的外国人。"

果然,这批"劳改"的外国人来了。

老百姓的称呼往往诙谐又颇贴切。那时候东北人民见得最多的就是日本人和俄国人,他们称呼日本人为小鼻子,称呼俄国人为大鼻子。

在李立水看来,现在这些老外也是高鼻梁,大眼睛,高高的个头。可是看起来没有一点精神,灰头灰脸,营养不良,仿佛奉天的大风轻轻一吹就能把他们吹跑。日本人特制的白色"连身袄"穿在他们身上,看上去特别滑稽。

李立水又怎知道,这些战俘经历了怎样的劫难,能够活下来已是幸运儿。

不得不佩服日本人的聪明,用战俘作劳工,一本万利。1939年挂牌投入生产的满洲工作机械株式会社,主要生产飞机零部件。据日本仓桥正直和茶园义男的书中记载:1944年该工厂人员构成情况为日本人331名,中国人620名,盟军战俘500名,人数最多时盟军战俘达到955名。

日本人用中美英等国人民的劳动制造出的物资,支援着日本大本营在前线进行的法西斯战争。

进了工厂,就没有作息时间这个概念了。每天早上6点,战俘们吃完早饭,日本兵把他们从北大营押到满洲工作机械株式会社。工作到晚上5点或者6点,日本兵再次把他们从工作地押到北大营。

如此往返9里多路,对于吃不饱穿不暖,有疾病在身的战俘来说,比急行军还要受考验。呼啸的寒风仿佛也听命于日本,也不放过这些远道而来的盟军战俘。日本人却"好心"地在队伍后面跟着一辆卡车,时不时捡起那些倒下的战俘。

这段路，让战俘们常常联想起死亡行军。

至于休息时间，战俘们是没有休息时间的，他们必须无休止地工作。刚开始一个星期休息一天，后来两个星期一天，再后来一个月一天。日军应诺下的休息时间越来越少。后来，战俘们都感觉休息已经与自己绝缘了。

罗伊·韦弗听说在工厂做工可以多吃一顿饭，谁知日本人说话不算数，到了工厂，情况一点也没改变。

"回到宿舍后，生活特别简单。因为白天做事情太累了，所以晚上不会有很多其他活动，一般都很快休息了。如果聊天的话，一般聊食物，因为我们食物太少了。"韦弗回忆当年的情况，情绪仍然波动很大。

食物，是战俘们最渴望的东西。他们从来就没有停止过对这个问题的讨论。家乡的苹果、玉米地，家里丰盛的三餐，冰淇淋、草莓苹果饼、奶酪都成了他们遥不可及的记忆。

有的战俘说："回到家，我就一头扎进面包圈里不起来。"

有的说："我要开一家餐馆，天天吃得饱饱的。"

还有的说："我要开杂货铺。"

也有战俘会聊一些自己家人的情况。有的战俘已经作了父亲，他们时常向别的同伴炫耀自己的儿子或者女儿。只是这个话题说着说着就沉默了。

对于眼下的战争，他们一般很少谈。环境的闭塞，使他们不知道外面的战争到底是什么样子的。晚上，有时他们会玩桥牌。因为日本人不允许，所以玩的时候他们很小心翼翼，除了压低声音，还要专门派人去门口把守。

有一天早晨，他们在去工厂的路上，看到一个尸体躺在地上，晚上回来时尸体还在那儿。日本兵轻蔑地说："中国人。"第二天那个尸体的衣服被剥光了，乌鸦绕着他飞来飞去，野狗对着他不停地狂叫，尸首很快分家了。

战俘们扔冰块驱赶啄食的乌鸦，日本兵却嘲笑不已。

"美国人，傻蛋。"

战俘们默默忍受着这些嘲笑。他们实在搞不懂日本这个民族对士兵灌输的教育为什么竟如此恶劣,对生命应有的尊重根本无从谈起。

后来尸体失踪了。从那以后,战俘们宁肯受饿,也绝不再吃野狗了。可是,猫、鸟、蚯蚓和蜗牛又成了战俘们的大餐。

到满洲工作机械株式会社从事生产劳动,尽管苦些累些,还要承受更多体力上的惩罚,但对一直居住在北大营的战俘们来讲,却是一件富有人情味的事。这里到处都是充满人情味的中国工人。就是他们,使得战俘们第一次觉得异国他乡的生活有了意义,有了一些温暖。

"快点,快点。"

日本人每天都不厌其烦地呵斥着战俘。

"注意安全!""小心!"

中国工人每天对战俘说得最多的是这类叮嘱的话。

战俘们刚来工厂时,李立水需要经常带领他们去劳动。每天早上见面,大家都友好地点头致意打招呼。有时中国工友趁日本看守不注意的时候,还会教战俘说一些简单的中文。

李立水经常看到,战俘们偷偷捡起中国人掉在地上的花生米、烟头,放在口袋里,怕被日本兵发现,悄悄找个角落过过烟瘾。

他对日本人也恨之入骨,如今看到这些可怜的老外,虽心生怜悯,却爱莫能助,只能暗自叹息,同是天涯沦落人,相逢何必曾相识……

后来,日本人严格规定,中国工人不准与战俘有任何接触,食堂和厕所都被隔离开,战俘用战俘的,中国人用中国人的,而且中国工人和战俘由不同的门进入工厂,在不同的车间干活。

韦弗和中国工友没讲过话,只进行着眼神交流。有时候看到日本人用枪托打中国人,他也会在心中默默地祷告。因为他们面临相同的命运。

每天晚上,韦弗都要做的第一件事,就是在心里默默祈祷:上帝啊,我的肉体在干渴地期盼您。我在圣殿里看见您,我的灵魂努力追寻您。我们谦卑地祈求您,恩典地倾听我们这些人的召唤,在人间和诸国建立您的正义。阿门。

韦弗有时在睡梦中会被噩梦惊醒。古老而一成不变的夜晚,用它黑色的斗

第二章　临时战俘营

篷覆盖和保护着发生在这里的丑陋。每次睡梦中醒来，不用仔细听，他也能听到外面风的呜呜声，偶尔一声夜鸟的尖叫，仿佛会划破天空。他多么希望这是一只和平鸽，带来战争结束的好消息。

在战俘营五六个月了，韦弗甚至不明白自己怎么就能活下来呢，这太不可思议了。要不是他们习惯了吃日本兵配给的食物，战俘们全都会死光。

在他的脑海里，时常出现那一段零碎细微的温暖情节。有一次，他看到外面有一个十三四岁的日本人，在拿雪做雪球玩。韦弗也在附近，就跟着他跑来跑去，跑了大约5分钟，被日本兵发现了。尽管韦弗被训斥了，尽管雪拍了只有5分钟，但他觉得"很值得，很好玩，很有趣"。

《世界日报》有关战俘的报道

回到现实中，每当他看到这么广阔的土地，一片荒芜，不见人烟，并且战乱不断，他就会咒骂战争。在这里，日本人像出入自己家一样进进出出。远在美国，他的家乡，亲爱的家人和朋友可好？日本人是否也这样横行？

野狗在田野里孤独地叫着。战俘们像野狗一样寂寞着。谁能知道，这场战争会持续多久，他们回家的日子还要多久？

仁慈万能的上帝给出答案了吗？

第三章　奉天战俘营

压迫与抗争

1943年7月29日，战俘们搬家了。这个新家有一个名字：奉天俘虏收容所。它位于奉天大东区其民街1段38号北(今沈阳市大东区青光街7号)。这是一座专业的战俘集中营。

在满洲工作机械株式会社上班的李立水，每天上下班都从这儿经过，对此了解得比较清楚。他回忆说："这里原来是农民的菜地和稻田，3月份一开春，满洲福昌公司的施工人员开始忙碌起来。所有的墙壁都是用水泥、石头混合而成的水泥砖砌的，特别坚固厚实。"7月，一座标准的战俘集中营拔地而起。

这座战俘集中营，构建相当考究。2米多高的围墙很厚实，围墙的4个拐角设有很高的看守岗楼，监视无人区和营区。墙上设有3层高压线，战俘居住地内也有一道缠着电线的栅栏。每天战俘们只有经过搜查大楼彻查后，才能进入居住的营房。

乍一搬到这儿，战俘们还是心存欢喜的，毕竟这儿离他们工作的地点不足两里地，距离比较近，他们可以少走好多路。但仅仅几天，战俘们就发现，这里的看守和负责押运他们前来这里的那些日本看守不一样，这里更加严厉苛刻。外出到工厂劳役的战俘每天早晚进出战俘营时，都要在专门的"检身场"接受严格地搜身检查。任何时候不得有10人以上同时聚在一起。

日军司令官不定时地以训令的形式颁布管理条令。这些没有道理、毫无意义的事情要求战俘们必须遵守，也因此给日军看守提供了许多惩罚战俘的机会。严厉惩罚的形式不仅有不许吃早饭，还有在雪地里罚站、挨打，甚至被关禁闭。

战俘们每天都重复着这些内容。早上6点钟，起床的战俘开始接受日本人的点名，点完名后吃早饭。日本兵还是那么野蛮。饭是一如既往地少，一如既往地稀。这两点，是从北大营到这里唯一没有改变的。

奉天战俘集中营全貌

早上7点，战俘们挨个通过搜查室。经过日本兵的搜身检查后，战俘们站成4排。

"立正。"

战俘们立正。

"向右看齐。"

战俘们身体站直，同时伸出右臂触及下一个战俘的左肩。

"向前看。"

战俘们收回手臂，保持立正，当然要像日本人那样手指伸直并拢。

"报数。"

前排的人由左向右用日语报数。日本兵按照报数检查核对后面几排的人数，然后向日本军官报告总数。日本军官记下数字后送到警卫室存档。

"开路。"

战俘们向日本军官鞠躬。

"向左转，齐步走。"

战俘们按照日本人的行军步伐，疾步走向大门。

在这里，一切都由日本人说了算，一切都要照日本人的规矩办事。否则，就吃不了兜着走。

奉天战俘集中营

日本人随时不忘向战俘表明他们是不受欢迎的人，专挑战俘不在营房的时间，天天检查他们所有的私人物品，并借此抢走或毁坏好不容易保存下来的东西。战俘们对此进行的抱怨和申述，也被日本军官三木不以为然。

这个专业的战俘集中营，在战俘们看来，卫生条件依然很不好。罗伯特·布朗记得，当年他住在上铺，会经常从上面掉下来，屋子里到处都是臭虫。病人和伤员也住在这里，空气非常污浊。

约翰·利帕德说，他一个已经过世的狱友睡在上铺，他睡下铺，下铺经常有蟑螂来回爬。

平时，战俘被派往工厂干活，到了星期天，还要在日军的押解下，到战俘营附近开垦的农田种植蔬菜。

老兵拉菲尔·格里菲思，有一次他看到战俘营外有一只风筝，时而扶摇直上，时而俯冲千里。他幻想变成一只风筝，漂洋过海，拥抱自己的家乡和亲人……

饥饿，仍是战俘们最大的敌人。不过，来到新"家"，战俘们找到抗击饥饿的一个有效方法——"用扑克赌博"。战俘们只要干完活，日本人离开了，他们就开始打牌。当时，战俘们平均每月能领到4日元，他们就用日元来赌博，玩法是最简单的"21点"。

奥利弗·艾伦像个哲学家似的不停地追问自己："人在成为俘虏的时候怎样控制自己，怎样把握自己，怎样生存？"越是这样问，他越痛苦，但他又不能整天坐在铺位上想，多么饿，多么想回家。那样只会让自己死得更快。

于是他靠打牌，不停地打牌来解脱自己。他简直快成了赌徒。艾伦也非常清楚自己赢不了，但作为一种自我平衡的手段，一定程度上促使他保持向前看，同时这种麻醉式的赌博，能够使人忘记了饥饿、忘记了想家。

但，艾伦还是会时常想起海军陆战队中士约瑟夫·查斯坦，查斯坦是他的战友和朋友。

1943年6月23日，美国海军水兵弗来德里克·麦林哥乐（战俘号1125号）、温特·帕里奥蒂（战俘号444号）和海军陆战队中士约瑟夫·查斯坦（战俘编号516号）相约一起逃跑。

这不是查斯坦第一次逃跑。在菲律宾战俘营的时候，他就逃跑过，为此，还被日本人关了禁闭。

"我告诉过日本人，你们关不了我。只要有机会我还会跑。"查斯坦对艾伦说。

艾伦为他的这种想法很担忧，劝他："查斯坦，你是海军陆战队优秀的军人，你要坚持住。我们一起回家。"

"艾伦，没用的。这种失去自由的日子，我绝对不能忍受。"查斯坦坚决地表明他的态度。

艾伦无可奈何地看着朋友："上帝保佑你。"

约瑟夫·查斯坦来到东北北大营，和其他两个战友精心筹划了半年多，再次逃走了。他们这种非常具有挑战意味的行动，使日本人变得更疯狂了。

日本兵用铁丝网拉出了一道隔离线，任何人只要越过此线立即枪毙。石川咆哮着挥舞着战刀，冲来冲去。他还命人专门做了三口棺材，摆放在战俘营大门口，歇斯底里地狂喊："这就是那三个人的下场。"

在他们各自所在的第6、7和14营房里，石川命令所有战俘必须老老实实地坐在自己的铺位上，双手放在膝盖上，集体关禁闭。其余的战俘在各自的铺位上足足坐了3天，不许交谈，不许动弹。每天少得可怜的伙食又被削减了三分之一。吃饭时必须当场吃完食物，否则就被视为蓄意逃跑。三个营房的战俘组长被关了10天单独禁闭。

和三个越狱战俘同兵营的人随即受到讯问。日本人的盘问并不是文文明明的一问一答，而是不停地酷刑拷打。有些战俘被打得两周出不了营地。日本人最爱的拷问方式是水灌法，即将一个水管子插到人的喉咙，往管子里灌水直至溢出，人很容易被呛死。

战俘们人人自危。不知道穷凶极恶的日本人会把他们怎么样，什么样更坏的结局在等着他们。

很快，日本人制定出了新的管理规定。战俘们每10个人分成一组，不按级别高低指定一个人为组长。如果再有人逃跑，小组长将受到和逃跑者同样的处罚。

1943年7月5日，罗伊·韦弗等战俘都被集中到一起。他们发现，石川比平日更显猖狂。战俘们有些惶恐，琢磨不透他又要施展什么新招数。

"那三个逃跑的俘虏抓到了。"长时间的沉默后，石川开口说了第一句话。

战俘们找到他猖狂的根源，但又都心存疑问。

"抓到了？在哪里？这是不是日本人耍的另一个花招。"

就在这时，松田上场开始了他厚颜无耻的讲话。

"就算你们能够从这里逃跑，也只不过是一时离开这里，暂时脱离了我们的看管而已。要知道在高墙的外面，我们的安全体系是十分完善和坚固不破的。逃跑的命运就是被立即逮捕，所以逃跑是一个极其愚蠢的念头。"

战俘营里沉寂着。大家都在担心，也试图通过一些途径打听到只言片语。

韦弗曾偷偷地向一个比较友好的日本兵打听。日本兵告诉他们，那三名战俘行为太恶劣了，还杀了一个满洲警察。

韦弗听说后倒吸了一口气，心紧紧地揪了起来。查斯坦他们会面临什么样的命运？

7月12日，查斯坦他们被押回战俘集中营。所有的战俘都被勒令待在屋里，任何人出营房都将受到严惩。

查斯坦他们被日本人打得浑身是血，反绑着胳膊，在地上跪成一排。

这还不算完。

日本兵又押着他们到每座战俘集中营房里游行示众。他们被打成那样，走起路十分吃力，可依然力图维护美国军人的尊严。日本人可受不了他们的这种坦然和坚定，不停地抽打着他们。

几天后，日本人又把他们三个押到战俘所在的工厂——满洲工作机械株式会社去。日本人早已在工厂靠近大门的地方搭了一个台子，在台上，他们当着所有战俘和中国工人的面，把三个人打得皮开肉绽、死去活来。

即使如此，日本兵仍不罢手。他们提来一桶桶凉水，用力地泼在三个战俘的头上、身上。已被打得昏迷不醒的三个人，被凉水一冲，清醒了过来。但他们能有什么招架之力？

被迫参观的战俘受不了这么恐怖的场面，他们没有勇气和毅力亲眼看着自己的战友承受这种惨无人道的凌辱。人群开始变得骚动。

"谁也不要乱动！老老实实地待着！"

日本兵用枪指着这些无辜的人，强迫他们接受这一幕。

7月31日早上，日本人把查斯坦他们的胡子和头发都剃了，准备执行枪决。当日本人枪毙他们的时候，要给他们蒙上眼睛。

"我们不需要。"三名军人一致回绝了。

这个事件引起了日本兵思想的动荡。他们说："如果我们的士兵能这样的话，我们可以征服全世界。"

查斯坦他们是被秘密枪决的。他们的心脏还没有完全停止跳动就被埋了。

消息很快在各战俘集中营房传开了。奥利弗·艾伦没想到，自己亲爱的战友最终还是难逃一劫，美好的生命永远留在了沈阳。

日本人对生命如此草率了事，给战俘们留下了终生难以消除的阴影。

寒冷、饥饿、疾病与战俘如影相随，毒打更是家常便饭。战俘们随时随地都会受到日本士兵的打骂，轻则一记耳光，一枪托，重则拳打脚踢。战俘们只要违反一丁点规定，甚至对命令的反应稍有迟疑，立即就会遭到一顿毒打。几乎每一个战俘都被莫名其妙地揍过。

石川上尉，是战俘集中营臭名远扬的二号人物。战俘集中营里每一次暴行几乎都和他有关。打战俘，是石川的习惯性动作，根本不需要任何理由。

石川，人如其名，脑袋像个石头，脾气变幻无常，狂暴凶残。战俘们给他起了一个形象的外号"公牛"。

战俘集中营列兵翻译友井川，是在美国长大的日本人。虽然友井川偶尔也打人，但他所说的话竟然是战俘们可信的消息来源。

石川不懂英文，他问友井川战俘们给他起的是什么名。友井川解释说："长官，在一群牛里面，总有一头牛被其他牛认作是头儿，而这头牛就被叫做公牛。战俘们因为尊敬您，并把您看作是战俘集中营里的头儿。所以他们给您起了一个名字叫做公牛。"

石川对此十分得意。以后每次见到战俘，他都厚颜无耻地说："我，公牛。"

有一天，英国战俘瑞莫尔正专心地收拾煤堆，公牛像幽灵一般出现在他面前。瑞莫尔急忙弯腰向他鞠躬，要知道有一次，就是因为鞠躬不及时，他被痛揍了一顿。不过，当他这次抬头看到公牛眼里的怒火时，他想自己又要走狗屎运了。果然，公牛上来就朝他的下巴打了三拳。瑞莫尔扑通一声重重地倒在地上。公牛不解恨，又狠狠地踢了他一顿。

过了好长时间，瑞莫尔才爬起来，看到滚远的煤筐和铁锹，他找到了自己挨揍的原因：鞠躬时没有把手里的煤筐和铁锹放下。

然后又有三个战俘倒霉了。因为他们无视皇军的命令，竟把毯子拿到营房外随意晾晒，所以被公牛用三尺长的木板打了一通。

晚上，一个战俘因为带了一些纸回到营房，被石川搜了出来，这名战俘立即遭到一顿毒打。

营房搜完了，石川又转悠到了厕所。果然，正在抽烟的五名战俘，被公牛逮了个正着。早晨点完名后，所有战俘比平时多等了半个多小时。公牛命令这五名战俘出队列，用手中的刀鞘把他们砍倒在地。

有一次，刚刚鞠躬完毕的罗伊·韦弗被公牛打了个猝不及防，摔倒在地，又被猛踢一顿。不明所以的韦弗，倔强地站了起来。公牛又一次把他打倒，韦弗再站起来，再被打倒，再站起来……直到他再也站不起来了。

以后，韦弗才知道自己被毒打的理由。这个理由非常好笑，就是他给日本兵鞠躬时不恭敬。恭敬不恭敬哪有什么标准，无非是公牛的心情好坏而已。

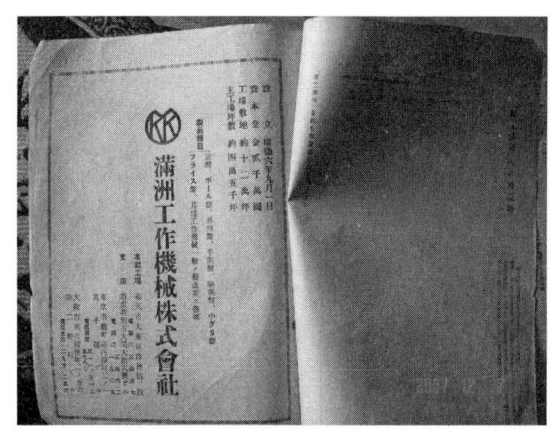

满洲工作机械株式会社（张一波提供）

有一天，韦弗在满洲工作机械株式会社工作时，被零件刮破了左手，血流不止。但是为了避免被日本人杀掉，或受到更残酷的虐待，韦弗忍辱负重，自己把手包扎起来，努力表现出跟日本人一样的工作能力。

韦弗的脑子里唯一的想法就是如何能存活下来，只是为了活着。他一再要求自己这样想："我要为了领到食物活下来。"

日本人处决了三名战俘后，战俘们都用自己的方式表达着无法言语的愤怒，各种蓄意破坏事件时有发生。这也导致了公牛和战俘们的敌对斗争更加频繁。

公牛最愿意干的事，是在营房或工厂巡视，盯着每一个人。他还有一个习惯，就是突然抽出佩刀对着战俘，把他们逼到墙角，叫嚣着让战俘们说"美国必败"。开始，战俘们顺从了他的话，公牛得寸进尺，竟让他们重复三次同样的话。战俘说完后，公牛会拿刀刃向战俘比画一下，再趾高气扬地离开。

有一次，一个美国战俘拒绝服从公牛的命令。这可惹恼了他，他把那个美国人逼到墙角，把佩刀一点点地逼近那个战俘的胳膊，然后又挪到喉咙。战俘面不改色，毫无畏惧。这令公牛更气愤了。公牛发疯似的揍了那个美国战俘一顿，直打到他爬不起来，公牛才解气地扬长而去。

后来有一次公牛故伎重演，那个战俘大笑起来。公牛气得脸都白了，但出乎所有人意料的是，公牛碰也没碰他，转身气呼呼地走了。

欧文·约翰逊向妻子指认当年所住营房的位置

刺刀，是公牛经常用来惩罚战俘的工具。

有一次，韦弗他们排队走出战俘集中营，公牛命令他们出门往右走。当时寒风呼啸，很难听清他的口令，韦弗他们没有往右拐，而是径直走。这惹火了公牛。他喊停了前进的队伍。战俘们一看，马上都意识到有人要挨打。

韦弗没想到，这个人竟然会是他。公牛举起刺刀刺向他的右肩，血顺着衣服流到胳膊上、手上。韦弗一动也不能动，公牛气急败坏地把他打倒在地。

剧烈的疼痛持续了一星期左右。这个伤，致使韦弗直到现在右肩摇晃起来仍有些困难。

战俘集中营里除了石川，还有两个人不可小瞧。一个是行政官员三木遂，一个是翻译野田。他们也是彻头彻尾的暴力执行者。三木遂不但偷战俘的东西，而且还经常中饱私囊。来自加利福尼亚伯克利的野田，十分残暴专横。

战俘们被实行污点管理。如果没能好好鞠躬，或被发现偷吃食物，就会得到一个污点。每个周末，得到污点最多的人被送到工厂战俘集中营，同时还要因为违反规定而遭受毒打。

有一天，野田在调查一件违反战俘集中营规定事件的过程中，狠狠地打了英国战俘沃尔海姆一拳。毫无防备的沃尔海姆挣扎着，出于本能，挥动着右臂试图保持平衡。日本人却颠倒黑白地说，沃尔海姆要打他们。同时在场的三木气势汹汹地抡起一把铁锹，朝他砍去，足足砍了10分钟。

有一次，一个战俘在煤堆劳动时迷了眼睛。他请示日本兵想出去把眼睛清洗一下。这个要求有点奢侈，惹火了负责的日本兵。他不但不允许战俘把眼睛里的东西弄出来，还把战俘带到三木那里。可想而知，这个战俘被罚抱头跪地30分钟。稍有松懈，三木和野田劈头盖脸就是一顿毒打。

战俘们在家里都是父母的宝贝，有的人还是妻子的挚爱，是孩子的父亲。可在这儿，他们生不如死。日本人把这些可爱的大兵，逼得在工厂里什么东西都偷，如电机、贵重的零件和金属等。偷出来后就到事先安排好的地点扔到围墙外面，墙外的中国人把东西拿到黑市上去卖，然后把得来的钱分给战俘。战俘们会用这些钱买吃的，买烟，买过冬的衣服。

有一次，美国海军机械师琼斯偷了日本人的运动鞋，被关了禁闭，等他被放出来时，已经快要冻死了。几天后，他因肺炎而死。

战俘们最怕的惩罚是单间禁闭。他们被关在阴冷潮湿的黑屋子里，没有饭没有水，不死也剩下半条命。众多惩罚中有一种供日本人取乐的惩罚方式，那就是，战俘跪在木箱上，头顶一个装满水的盘子，水不许洒出一滴，否则重来，直到日本人满意，再不满意就是一顿痛打。

战俘们心有余悸的不仅仅是毒打。在花样众多的刑罚中，有灌水、烙刑、电刑、踩杠子、悬吊、坐钉板和鞭笞等。

里根政府的海军部长约翰·乐门在他所著的《日本最黑暗的秘密》一文中写道："日本人痛打美国战俘，一直把他们打倒，然后继续打他们，因为他们倒下了；他们还在继续痛打美国战俘，一直打到流血，还不停手，因为他们又流血了……不给战俘医药，要饿死他们；拿战俘做医药实验，日本人看着他们成千上万地死去，如果战争再持续一年，将没有一个战俘可以生还。"

当然，战俘们也不是任人宰割，他们会用自己的方式跟日本人做斗争。尤其是进入满洲工作机械株式会社工作后。这里很快成为一条特殊的斗争战线。

有一次，日本监工让约翰·利帕德扫地，可等到他再视察的时候，看到约翰竟然在睡觉。他怒目圆睁，大声责问道："你为什么睡觉？"

约翰不慌不忙地说："不是你让我睡觉吗？"

约翰利用日本监工的英语不规范，故意听错，成功地逃避了一次劳动。不过,他的这次不劳动换来了日本监工的毒打。

有的日本人称这些战俘是"坏美国人",因为他们总跟日本人作对。而作为战俘,则是另外一种心情了。罗伊·韦弗说,他的确有过赢日本人的心态。

兰德尔·爱德华兹说:"我们经常搞一些恶作剧和破坏活动。我们做的零件,型号尺寸不符合日本人的标准。我们还偷他们的轮胎。"

拉菲尔·格里菲思、欧文·约翰逊、罗伯特·沃尔佛·伯格和韦恩·米勒他们都在不同的岗位上,用不同的方法与日本人巧妙周旋,最后生存下来了。几乎每个战俘都能说出他们与日本人斗智斗勇的故事。

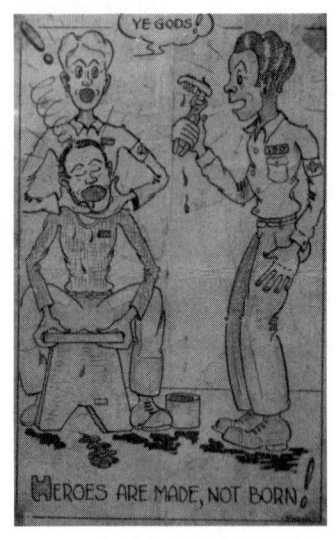

漫画"拔牙"(布朗提供)

据日本警务要报《奉天地区劳务动态观察报告》称:战俘们以各种各样的方式拖延时间、延误生产、破坏设备、毁弃产品,导致"其生产物,远远不及我国战时的生产量"。1944年9月,"满洲工作机械株式会社"失误统计显示,美英俘虏上半月失误率为7.5%,下半月失误率是7.0%,高于"满人员工"和日本员工。

狡猾的日本人绝不会放过任何一个可以无成本创造财富的好机会。在日本统治时期,不同年级的好多中国学生都被强迫去参加"勤劳奉仕"。

1944年6月份,在沈阳国民高等学校读书的关德全,来到满洲帆布株式会社参加劳动。工厂一楼是织布车间,他们被安排在二楼车间倒线。

很快,他们发现一楼有许多老外在干活,整个车间约有一二百人,其中有些是黑人。这些人个子高大,大部分都穿着侧面开襟的日本军服。老外们穿上这些日本小个子兵的衣服,胳膊、腿都露出半截,显得特别滑稽。

学生们从一楼车间经过的时候多了,常会看见干活的老外冲学生们挤眼睛,做鬼脸,但双方谁都不敢说话。这些老外二三十岁,天热时,常赤裸着上身。关德全还可以看得见士兵的文身。一到下工,日本兵会把他们押走。

关德全并不知道这些老外是什么身份，只是纳闷，为什么会有这么多老外在日本人的工厂干活，日本人为什么对他们看押得特别严格。直到2000年，战俘集中营浮现在公众面前，他才了解，这些老外原来是美英战俘。

其实，不止这一家工厂使用战俘，还有满洲皮革株式会社、高井铁工厂等企业都有战俘从事劳役。

被送到满洲皮革株式会社劳动的战俘们，从事的是鞣熟皮革的工作，环境十分恶劣糟糕，工作强度也很大。日本人每天给他们吃两顿饭，早晚各一顿，战俘们吃的东西是在战俘集中营那里一次性做好送过来的。好多食物要一连吃好几天。有时到了最后一天，饭都发霉变质了。

有一天，战俘们没有吃早饭就被派去车间工作。战俘们全体拒绝劳动，静坐示威。日本人只好把他们带到食堂，吃了饭以后，才让战俘们继续工作。

真是大快人心。他们把这个结果告诉同伴时，其他战俘都不敢相信，这些战俘竟然没有受到日本人的刑罚。

但1944年5月24日，150名美国战俘被挑选出来从奉天转押到日本神冈战俘集中营。在那里，他们要在恶劣的铅矿采挖矿石。对此，日本人有一份漂亮的说词：这是出于对他们平日表现不驯的惩罚。

731之谜

罗伯特·布朗的经历有些独特。他1940年服役于美国陆军航空兵，是一名卫生兵，1941年11月抵达马尼拉，同年12月在日军对克拉克空军基地的大空袭中幸存，后撤退到巴丹地区参加巴丹半岛西海岸的地面防御。1942年4月布朗被俘后，经历了死亡行军，于11月11日，到达奉天。

布朗是来到奉天的第一批战俘，也是战俘集中营里最年轻的，只有18岁。到达奉天时，体格高大健壮的他，体重仅剩80磅。

比较幸运的是，布朗因为自己的专业特长，被安排到战俘集中营的医务所工作，负责为战俘们量体温和拔牙。

三年的时间里，布朗拔了200多颗牙。拉菲尔·格里菲思提起拔牙仍心有余悸。"拔我两颗下牙的时候没用麻药，日本人拿着刀，拽着牙床，把牙切掉了，真的非常疼。我紧紧地抓着凳子，我后面的人使劲按着我的头。"

战俘集中营里医疗环境十分恶劣，所谓的医务所根本没有药，而且只为日本兵服务。医务所有两个日本军医，一个叫维希，一个叫桑岛。

年轻时的罗伯特·布朗（190号战俘）

桑岛就像个魔鬼。战俘们来看病，他就骂"滚出去"。有一次，一个美军战俘得了阑尾炎，需要开刀做手术，桑岛认为战俘不配注射麻醉剂，一刀切开了战俘的腹部，然后把他的阑尾拽出来像玩球一样抛来抛去，全然不顾病人痛不欲生的尖叫。布朗只有把那个病号死死地摁在台子上，眼巴巴地看着日本医生在那里玩耍。他还没有能力与日本人过招。

日军军官办公室和布朗所在的医务室是相通的，只要日军军官一开会就会把他轰出去，因为他懂点日语。为了反抗日军对战俘的虐待，布朗唯一可做的是，每天给那些日军军官打水时故意打没烧开的水。

"我很想见证更多的真相，但当时我真的没办法去跟日本人对抗。"布朗回忆说。

布朗虽然是军医，但每天仍然吃不饱。日军军官没收战俘家里寄来的食品，他就偷了日军军官的钥匙，晚上跑到储藏室偷这些食品吃，这样才活下来。

布朗有一个战友，名字在日语中是"食物"的意思，可是他没有东西吃，饿得坐在铺上哭。布朗劝他："别哭了，情况会好起来的。"

他抱着布朗哭得更厉害了，"我想妈妈。我要回家。"

战友的话一下子戳穿了布朗伪装起来的坚强，他也跟着哭了起来。

几天后，战友生病了，布朗从医务室偷过药给他，但没用了，他还是死了。"哦，上帝，他死了，死在我面前。"布朗至今仍深深地痛苦。

1943年2月左右，布朗看到战俘集中营来了一卡车穿着白大褂的日本军官。他们是来给战俘检查身体的，并强行注射了"预防针"。如果有战俘不接受，就当场枪毙。

布朗也不能例外地被注射了。几天后，被注射的战俘中有的发烧不退，在痛苦中死去。一个叫大木的日本医生救了布朗，他才幸免于难。

战争过去了许多年，布朗去日本看望这位救命恩人。大木告诉布朗，他是日本731细菌部队的成员。

不仅布朗这样说，好多活下来的战俘都说："日军拿我们进行细菌试验。"1986年9月17日，在美国退伍军人事务委员会第九十九届大会上，战俘老兵弗兰克·詹姆斯陈述说，他本人在沈阳战俘集中营时曾被日本731部队作为生物实验对象。

他说："1942年11月11日我们抵达沈阳时，遇到了一队戴口罩的日本医疗人员。他们强行给我们每个人打了针。第二年春天，日本人开始采集死去战俘的标本，有两名战俘被指定参加这个工作，我是其中之一。我们协助将日本人切开的战俘的头部、胸部和腹部标本，放入标有战俘编号的容器里。日本的医疗小组最后带走了这些标本。后来，小组返回沈阳再次执行似乎是一个和解剖检查有关的检测战俘心理和身体是否健康的任务。我也是其中被选中的一个。检查包括以下内容：在进入房间后，我们被要求逐个走过涂有油漆的地板，来到日本医务人员的办公桌前。当我们行走时，他们很仔细地观察我们。我们也被要求回答国籍，'美国人'是一个不被接受的答案。必须是苏格兰人、法国人、英国人或其他族裔背景。我记得问我是否得到足够的牛排，我回答：'那是什么？'这个医务人员也使用测径器测量头、肩膀、手臂和腿，问我许多家族病史方面的问题。"

陈述最后，他说："我请求将关于我和其他战俘的任何记录及免疫系统的研究文件公布于世。我特别渴望得到1943年初731部队拍摄我的照片。当时，我已经失去了所有的体毛，重约80磅，只穿了一件毛衣。在我的头顶上是一个我的战俘编号1294的标记。"

战后，弗兰克·詹姆斯成了一个身体有80%残疾的军人，因为这个原因，1966年他从陆军退役。

2003年9月19日，《纽约时报》记者吉姆·亚德利对战俘首次回访沈阳做了报道。报道中说，在记者会上，罗伯特·罗森达尔说，当年有五六十个战俘被三个日本兵注射过"预防针"，相继出现发高烧后莫名死亡的现象。当年他也被打了三次针。一位日本记者认为，日军不可能帮他打救命的预防针，问他为什么没有死。罗森达尔说，他也不知道。奥利弗·艾伦则没有被注射，但他知道一些其他的战友，在注射后死了。罗德里克斯说，父亲说起，守卫曾经举着一些东西在睡眠的战俘鼻子底下，众所周知，这就是有名的扩散细菌的方法。

2007年来访的拉菲尔·格里菲思说："日本人给我们注射，没人知道他们在干什么。一些人在注射后生了病。他们也从我身上抽了血，但是我从来没因为注射而生病。后来他们还给我们量了臂长、胸围和头围。"

欧文·约翰逊仍然记得，在战俘集中营里，他和其他战俘在三个月期间几乎每周就被注射一次，一些人死掉了，一些人病了，也有的人未受影响。病重的人便送到冰冻间，进那里的人很少有出来的。

战俘们的话，在一份"关东绝密文件"中得到验证。这份文件写道：1943年2月1日13时，关东军司令梅津美治郎发出命令："关东军防水部本部应派遣下列人员往奉天俘虏收容所，援助、指导该收容所之防疫业务。"同时，关东军军医部长木尾十家又据此做出具体指示："奉天俘虏收容所之防疫，以俘虏之菌检为重点……实施菌检所需之资料，由关东军防疫给水部携带。"

2001年5月19日，美国南伊利诺伊州大学历史系终身教授吴天威、熊玮博士一行人来到沈阳。吴天威说："一位曾在沈阳战俘集中营待过的英军战俘留下一本日记，上面有关于日本人对战俘们进行细菌实验情况的记载。日本人不仅给那些战俘注射细菌，定期观察，死后还要作尸体解剖检查。"

吴天威教授提到的这名英国战俘，就是罗伯特·皮蒂，他在日记中写道："1943年1月30日，对全体人员接种预防斑疹伤寒、副伤寒A型的疫苗；2月14日，注射预防天花的疫苗；6月5日，接种预防赤痢的注射液；6月13日，注射预防赤痢的注射液2次……"

日本记者、作家西里扶甬子就731部队有关问题采访老兵约翰·利帕德

"1943年2月23日，安葬142名死者。在105天内死去186人，全为美国人""8月6日死者达208人""11月21日，死者达230人以上"。

"由此可见，频繁的注射和预防，以及大量死亡的后果，难免让人对事实的真相产生质疑。"

日本投降后的1949年，苏联伯力审判主要追究了日本细菌战的责任，判处了原关东军司令山田乙三等12名战犯2到25年徒刑不等。

1944年7月，山田乙三从前任梅津美治郎手里接手指挥关东军时，大本营交给山田乙三的任务是把东北变成日本永久性战略基地，准备对付中、美、苏和东南亚国家，以挽救日本即将衰败之命运。

山田乙三供认，日本为扩大侵略战争而密谋实施细菌战，早在他出任关东军司令官之前的1935年至1936年，就在关东军石井四郎部队的基础上，建立了两个秘密进行细菌战的部队，一个是"关东军防疫给水部"，代号为第731部队；另一个是"关东军兽疫预防部"，代号为第100部队，两个部队的总称是关东军第659部队。

山田乙三交代自己的罪行说："我承认我所犯的罪行是，我直接领导过准备用细菌战去对付苏联、中国、蒙古人民共和国、英国、美国及其他国家。"

2003年，美国"奉天联谊会"会长哥莱格·罗德里克斯随老兵回访团一起来到中国沈阳。

罗德里克斯10余年来一直在华盛顿奔走呼吁，不仅要求对战俘受害者进行补偿，更要求将日本用战俘做细菌实验的罪行公之于世。

在美国退伍军人事务委员会第九十九届年会上，罗德里克斯说："穆雷·桑德斯博士，是战后一位帮助安排美国和日本进行交易的中间人，也是远东军事法庭在细菌战方面的顾问，博士告诉我，一位美国相当高级别的军官告诉他，'美国人在奉天是豚鼠。'"

这是哥莱格·罗德里克斯第一次来中国沈阳，他公布了日军给战俘注射过鼠疫菌的真相。他说："父亲1978年7月住院了，这是他4个月内的第5次住院。感染不断地突袭他，不仅包括畏寒和发烧，而且有痛苦的妄想，他妄想到再次被日军俘虏，又处于日军的控制下了。"

罗德里克斯的父亲当年是768号战俘。在其父亲成为战俘期间，日军曾强行给他注射过一种药剂，并且得到了731部队成员植园直寺的证实。父亲直到76岁去世时体温一直很高，曾在美国进行检查，结果显示为鼠疫菌感染。

"和父亲一样的美军战俘之所以无故发烧、颤抖、夜里盗汗、如爬虫般的脱皮、麻木，都是因为731部队曾秘密潜入到战俘集中营，以打预防针的名义将鼠疫菌注射到战俘体内。被注射的战俘当时没有反应，但是过后身体会发烧不退，在痛苦折磨中死去，有的还会影响下一代。"罗德里克斯认为。

罗德里克斯说，731部队6位队员在晚年出版的一本揭露真相的新书和美国政府开放性文件都使得"二战"最大的秘密之一得以披露。

他也从日、英、美获得一些文件，坚定地认为日军在美军战俘身上做了细菌试验。他呼吁中美两国的受害者一起将日军的这一罪恶公之于世。他还希望美国政府解禁更多的文件，让日军的所有罪行都大白于天下。

1925年6月，世界主要国家签定了日内瓦议定书，即《禁止在战争中使用窒息性、毒性或其他气体和细菌作战方法的议定书》。该议定书宣布：禁止在战争中使用窒息性、毒性或其他气体，以及类似的液体、物质或器件；各缔约国同意将这项禁令扩大到禁止使用细菌作战方法。日本也是签字国之一。但日本所作所为，已是公然挑衅国际公约。战后，731部队石井四郎及其所属部队成员，却没有得到应有的审判。

2007年来访的美国老兵大多数乐意陈述或者回忆自己所经历的往事，但不愿过多谈论政治。对待中日中美之间的关系，他们的言语也非常谨慎。他们说，他们知道"二战"后美国和日本签有秘密协议。虽然他们知道美国政府这样是不对的，但事实就是这样，他们也没有办法。从某种程度上讲，他们也是受害者。美国战俘老兵曾被日本用于细菌实验，美国政府一直处于不甚明了的态度。

战后的1946年1月6日，在日本出版的美军机关报《太平洋星条旗》，据日本共产党资料报导说，石井的细菌实验受害者中有美国人。《纽约时报》一周后也作过类似报导。继而盟军俘虏遭细菌实验新闻不断出现。然而，远东委员会作出的结论是："日本细菌战资料的价值对于美国的国家安全是那样的重要，远超过由于'战争罪行'的诉讼所产生的价值。"美国政府认为，日本细菌战的资料不作战争罪行证据之用，不追究石井及同伙的战犯责任。

1956年，美国联邦调查局承认美国战俘曾遭人体细菌实验。但之后该问题再未引起注意。1976年日本广播公司放映《731部队的恐怖》纪录片曾一度引起公众的关注。据披露，1485名被运到沈阳的美国、英国、澳大利亚等白种人战俘中，1174名系美国人。1982年4月4日，美国新闻节目"60分钟"播出一个名为"战争罪行"的节目。约翰·鲍威尔详细谈论了麦克阿瑟对石井战争罪责的掩饰，并提供了东京广播公司拍摄的电影片段《731部队》，美国战俘曾被日本做过实验，这才在美国引起广泛的注意。

1989年英国新闻记者彼得·威廉斯与大卫·瓦雷斯合著《731部队：第二次世界大战中的日本细菌战》。这是第一本详细揭露日本731部队细菌战及美国掩盖内幕的著作。

日籍教授田中在《看不见的恐怖》中写道："规模最大的战俘试验是在满洲奉天进行的，有1485个美国人、英国人……根据一位曾是731部队成员的叙述，给战俘们喝的水掺进了不同病菌，死去的人被解剖。"

美国大华府日本侵略史学会副会长王鄂认为，日本之所以要把大批的战俘送到沈阳，而不是到别的城市去，非常明显，因为沈阳有731部队。他们主要目的是要拿那些人做实验。

他还提出，这个战俘集中营有美国人、英国人、荷兰人、澳大利亚人，群体比较特殊，日本人有另外打算，不是说仅仅把他们关在沈阳做工。

我们有理由相信，历史总会给出一个客观公正的回答。

空　袭

1944年12月25日，圣诞节这天。日本人发了善心，给了战俘们一天的假期，晚上还给他们吃了一顿比较好的晚餐。

韦弗不断唱着："平安夜，圣善夜！牧羊人，在旷野，忽然看见了天上光华，听见天军唱哈利路亚，救主今夜降生，救主今夜降生！"这是平安夜圣歌的第二段，他反复在心中诵唱。他渴望上帝的救赎。

回到营房，战俘们着手准备布置圣诞树。他们就地取材，用笤帚做树干，用从工厂偷来的染料把纸染成黑绿色，再折成锥形，用以做树枝。从车间弄来的金属片被改成装饰用的金属亮片，甚至还有将金属块改造成磨光的小星星。为了准备一棵像样的圣诞树，战俘们这段时间可没少花心思。

凝聚着集体智慧的一棵圣诞树做好了。接下来的节目是轻声唱圣诞歌，交换圣诞礼物。

"嗨，这是给你的烟。"

"这是给你的糖。"

"上帝，就一块。"

"得了吧，伙计。"

"等我们回家了。你要多少我给你多少。"

"瞧瞧，这小子总这么可爱，让我感动。"

第三章　奉天战俘营

大家心事重重地笑了。

过了一会儿，有的战俘开始猜想："日本人为什么突然变好了？是不是跟前几天的空袭有关？"有的战俘说了一句："去问日本人吧。"惹得大家哄堂大笑。

空袭发生在1944年12月7日，珍珠港事件三年后的同一天。这一天，奉天战俘集中营里的警报急促地响着，伴随警报而来的是，天空中黑压压的一群轰炸机编队。

美国战俘们一眼就认出，那是他们的飞机，是有"超级空中堡垒"美誉的B-29轰炸机，而在这群轰炸机四周，有一群日本战斗机。战俘们很快明白了，这是美国飞机在执行轰炸任务。

三年了，战俘们觉得就像是过了几个世纪那么漫长。

三年了，战俘们第一次看到，美国人，美国军队，美国轰炸机。

三年了，战俘们第一次看到美国的飞机反击日本这帮狗杂种！

躺在地上躲避空袭的战俘，有的挥舞着胳膊，大叫"狠狠地打这帮狗日的"。

有的在祈祷，"上帝，保佑我们，不要被炸弹炸到。"

有的在哭喊，"别让巴丹重演了。"

然而，巴丹的那一幕还是在奉天战俘集中营里重演了。

三枚炸弹呼啸而至，一枚落到了围墙处，另一枚落到了战俘集中营医院的水泥台阶上，还有一枚投向了厕所。

一时间，战俘集中营里乱套了。

爆炸声，呻吟声，飞机的轰鸣声，让战俘一时忘记了自己身在何处。在巴丹？在科雷吉多尔？

"该死的，快去救人。"人群中不知是谁大声地喊了起来。这喊声，唤醒了战俘们，他们纷纷行动起来。

日本人毫发未伤，却在此时架起机关枪对准这些忙碌着救人的战俘。只不过，没有战俘有心思去理会他们。大家一心只想着怎么救人。

受伤的战俘很快被同伴送到医院抢救，但也有抢救无效死亡的。这一次轰炸，导致了战俘19人死亡，54人受伤。

战俘们没有丝毫抱怨。虽然天寒地冻，但他们还是想办法在操场上挖了许多散兵坑掩体，以防再遇空袭时无处藏身。

他们还强烈要求日本人发放扣留的国际红十字会援救药品，用来治疗那些在空袭中受伤的战俘。

日本人这一次让步了，同时发放给战俘的还有国际红十字会寄递的物品。

不幸的是，14名执行轰炸任务的美军机组人员也成了俘虏。他们被关在离奉天战俘集中营不远的一所中式房屋内。

日本人可能被战争局势吓坏了，也可能被炸晕了，不管什么理由，他们这次失算了。日本人竟然派战俘集中营的战俘去给这14名战俘送饭。

14名战俘被日本人用黑布蒙住眼睛带到屋子里，因此，他们并不知道自己被关在哪里。战俘集中营里的战俘们也不知道这里关的是执行轰炸任务的机组人员，因为他们送饭时只能把饭送到日本卫兵的手中。

战俘们充分发挥军人的职业头脑，根据这些人吃的饭和自己吃的饭是一个档次的，推断出这里关押的有可能是那些后来成为战俘的机组人员。

他们要证明自己的推断，需要相当的智慧和胆识。有一天，14名战俘中的一个人在饭中吃到了一个纸条。上面写着：你们是谁？饭是从战俘集中营送来的。

14名战俘还被告知，盛米汤的桶有一个空心手柄，里面藏着纸和一支铅笔。他们不禁莞尔。这张纸条在每一个人手中传递着，就像传递着一份希望。

从此，他们联系上了。

这惊心动魄的一幕，在日本人眼皮子底下悄悄地进行着。

战俘集中营里的战俘因此知道了轰炸的真相。原来，108架B-29轰炸机是从中国成都出发，去执行轰炸奉天日军目标的任务。他们依次袭击了奉天南站和奉天造兵所，满洲飞机制造公司、满洲工作机械株式会社及周边地区。地处兵工厂密集区的奉天战俘集中营，因为日本军队并没有做红十字标志，这才遭到美机的误炸。

虽然挨了炸，而且有的人因此丢了性命。但这三枚炸弹，炸得战俘们心里乐开了花。

"上帝保佑，我们亲眼看到自己人修理小日本了。"

此时，日本不得不承认自己即将面临的失败。不过，他们没有消极等待，而是积极采取措施。

战俘集中营里的大通铺（布朗提供）

其一，对自己人，他们作出指示："凡曾虐待俘虏及日军拘禁者的职员，或俘虏对其怀有极恶劣感情的职员，现在可作如下处理，即迅速使其转职到其他单位或隐蔽其行踪。"1945年2月，战俘们深恶痛绝的日本看守"公牛"和桑岛医生从战俘集中营消失了。

其二，对待战俘，日本1945年3月11日发布了命令。这个命令说："在时局日益紧迫，战祸将波及日本满洲等地之时，希望根据附件的要领处理俘虏以免发生错误。"这儿所说的附件要领，是用下列的话开始的："方针：努力避免将俘虏落入敌方之手。因此，应预先实行将必要的俘虏转移拘禁地址。"

1945年4月29日，奉天战俘集中营迎来了249名新成员，这些美国、英国军官是从日本、朝鲜押过来的。5月21日，320名战俘也从吉林郑家屯转押到这里，其中包括美国军官小乔治·帕克、比勃将军为首的26名英、美、澳的将军们。

这下子，战俘集中营拥挤起来，士兵们不得不腾出地方给军官住。

在战俘们看来，这些新来的战俘们，一样弱不禁风，一样疲惫不堪。

"操场上传来战友们的招呼声。他们接下新来战友的行李，喋喋不休，滔滔不绝，每个人都在讲述着自己近年来的经历，他们为了成功而做的努力，他们的向往与恐惧。"一名战俘写道，"每个人都有一段不同的体验，那是生者在讲述死在日本地狱里的战友们遭受的苦难和折磨。"

小乔治·帕克将军曾领导着这群战俘中的一部分，在巴丹半岛进行过英勇的斗争。巴丹一别，音讯全无。三年后，再一次见到这些饱受磨难的官兵们，他百感交集。

官兵们也在打量着他们的长官，个子很高的将军有些驼背了，脸色很憔悴，但目光坚定，充满了智慧。

看到这些，战俘们有了自己的想法：其一，日本军队等级森严，对待战俘却没有执行这种等级管理，将军、士兵一视同仁。其二，日本人在有意识地把战俘集中到奉天战俘集中营。

帕克来到这里后，听到许多战俘们默默反抗的故事，由衷地赞道："这些士兵都是好样的。"当年，日本人称他们为顽固的巴丹杂种，这话不无道理。

回想起自己的经历，帕克将军本人也是历经九死一生。

1942年6月9日，他被押到菲律宾打拉战俘集中营，和乔纳森·温赖特将军等高级将领关在一起。好景不长，一年后的1943年6月5日，他和温赖特将军分开，被押送到台湾白川战俘集中营。

在这里，他和其他战俘受到了严峻的考验。夏天，蚊虫叮咬得厉害，许多严重的疟疾爆发了，但患病的战俘根本得不到及时治疗。有的战俘为了活命，偷吃了一点食物，即招来了日本人的毒打。战俘们常常被不明所以地关禁闭，从早上6点一直关到晚上9点。无缘无故地遭受毒打更是常有的事。

秋天，他们像奴隶一样，被命令到农场干活。美国军官很坚决地拒绝做任何工作，他们为此付出了代价。就寝前，他们不再被允许躺在床上或者坐在床上休息，不允许到他们房间外参观或闲谈。每天晚上他们都被叫起来，穿上衣服到操场集合，站着等待点名。当他们点完名解散回到房间脱了衣服睡觉后，大约一两个小时又会被叫起来。如此反复。

这样还不算完，日本人还命令他们铲除战俘集中营周围的杂草和树木，这可是很有劳动强度的活儿。

帕克挺了过来。他是一个意志坚定，有判断力的军人。他始终不相信，日本人会最终赢得这场战争。如果当年部队的武器和供养跟得上,他的士兵们仗打得照样漂亮。

一年后的1944年10月1日,帕克和一批来自英国和荷兰的军官被送到日本。在这里,他又一次与温赖特将军汇合了。当然,这并非他们战俘生涯的终点站。

很快,这些人被押送到了一个寒冷而陌生的地方,吉林省四平市郑家屯。两个月后,即1944年12月1日,温赖特将军被押送到西安县(今吉林省东辽县)。半年后,帕克他们则被押到奉天战俘集中营。

这批新战俘的到来,带来了一些外面的消息,这多少让消息闭塞的战俘们感到一些胜利的曙光。

到1944年上半年,盟军在各个战场取得了巨大胜利。在太平洋战场,麦克阿瑟将军控制了新几内亚,尼米兹将军夺取马里亚纳,蒙巴顿将军进军印度支那,日本在东南亚已面临三面被围的困境。

很快,战俘们敏锐地发现了战俘集中营许多不同于以往的地方。日本人越来越紧张,往返押送战俘上工的日本兵由2个变成了4个。晚上他们开始了沿墙巡逻。工厂里的日本人越来越少。

待在营房里,大家议论纷纷,这太不正常了。日本人到底在怕什么?最后大家得出一个结论:将有大事要发生。

1945年8月6日,战俘集中营里的日本人突然一下子发疯了。他们见人就打,甚至于战俘看他们一眼,都会被痛打。

所有战俘都被集中到操场上。日本人宣布:今天谁也不用去工厂,都站在这里。谁要是站歪了,马上拉出去枪毙。

惩罚解除后,战俘们很快了解到事情的原委。原来,这天上午8点15分,美国绰号"小男孩"的原子弹在日本广岛600米上空爆炸,近20万人死亡。这些人当中,就有在奉天战俘集中营里的日本人的亲属。

三年来,毒打已成为战俘生涯中必不可少的项目。这一次却大不相同。战俘们虽然受到毒打,但,他们非常兴奋,非常激动。因为,日本人越紧张,他们离自由就越近了。

与此同时，战俘们还发现日本人在销毁证据。所有的文件，只要跟战俘扯上关系的，哪怕是他们写的一张纸，画的一张图，都被烧掉了。烟气腾腾，成了战俘生涯最后一段时期，战俘们最常见的场面。

很显然，日本人在掩盖他们的罪恶。1945年8月14日，日本曾向所有的军司令部颁发命令，要其在当天立即烧毁秘密文件。宪兵司令官向各宪兵部队发出指令，详细叙述迅速烧毁大批文件的方法。而陆军省军务局俘虏管理部所辖的俘虏收容所长，在1945年8月20日，向台湾军参谋长发出了同样文字内容的电报。其中说："被敌方获得时不利于我们的文件，也与秘密文件一样，在用毕后必须销毁。"这份电报是分发给朝鲜军，关东军，华北方面军，香港、沈阳、婆罗洲、泰国、马来西亚及爪哇各地军官的。

急于探知外面情形的战俘们，通过中国工友这条特殊的战线，打听到日本8月15日投降了。可令人奇怪的是，战俘集中营里还是没有变化。大家有些怀疑，难道听错了？

日本人却有自己的打算，他们想要尽可能时间长地控制这些战俘。16日，帕克将军等一些军官被命令打起行军包。他们不知道自己的下一站是哪儿。

在踏上未知的旅程前，帕克将军和翰金斯少将想和日本人谈谈，日本人毫无理由地拒绝了他们。

奉天战俘集中营里的2000多名战俘，将面临怎样的命运？帕克将军又将要去往何处？

第四章　西安战俘营

东南亚战事

让我们再次回到血雨腥风的1941年。

日本进攻南方的设想是壮观的。其进攻目标除香港、马来亚（指马来西亚西部地区，即位于马来半岛的部分的旧称）、婆罗洲、缅甸、菲律宾、爪哇、苏门答腊、西伯里斯、底摩尔等南方要地之外，还包括中部太平洋的关岛、威克岛以及澳大利亚委任统治的拉包尔(新不列颠岛)、卡比恩(新爱尔兰岛)。作战范围东西约5400英里，南北约2400英里，涉及东南亚全境和太平洋西半部。作为一个国家所计划的作战，规模之大是历史上空前的。

从这个意义上讲，攻下新加坡与空袭珍珠港并列，成为开战最有戏剧性的揭幕式。

担此重任的，是有蒙面将军之称的山下奉文。"一个巨大的身躯，再加上炯炯有光的一双眼睛，鼻子下留着小胡子，声音也洪亮，一见山下的容貌就可以看出是个将才。"日本右翼作家儿岛襄这样描写。

山下奉文曾任驻瑞士、德国和奥地利的武官，做过日本陆军大学的教官，熟悉欧美军队的战术。1941年11月9日，山下奉文率领第25军，杀到了马来亚，冲进了新加坡。

新加坡，是他尽情表演的舞台。虽然他的仕途沉沉浮浮，但并不影响他发挥日本军人的侵略本性。他在中国战场上起家，从华北转战东北，制造了诸多血案。

他马上就会得到一个新的绰号。

在马来亚的珀西瓦尔

新加坡有"东方狮城"之称。虽面积不大，方圆360多平方公里，却是自古兵家必争之地。从19世纪末起，英国就在这里构筑要塞了。现任马来亚总指挥官是阿瑟·欧内斯特·珀西瓦尔中将。

珀西瓦尔在英国陆军中素有"马来通"之称。1936年，他任马来军参谋长。伦敦《泰晤士报》记者莫里逊描写他是个"擅长社交，首先考虑困难的消极人物。没有什么野心、特色和信念……"而在约翰·迪尔将军眼里，"他有着非凡的能力，广泛的知识，良好的判决力，是快速准确的工作者。"

对此，珀西瓦尔有着清醒的认识。"在去马来亚时我明白，会有双重危险：如果战争在东方没有爆发，几年内将无所事事；如果战争爆发，在战争的初期阶段，指挥这样一支不适合的军队将会使我遇到相当棘手的问题。"

不管怎样，两军决战的号角已经吹响了。

1941年12月8日下午6时，珀西瓦尔为了安定民心，发表了一份通告："我们已做好准备。我们早有警觉，有备无患……我们充满信心。我们的防御巩固，武器精良。敌军何足惧？日本连年肆无忌惮地进攻中国，已筋疲力尽。信心与决心，胆识与为事业献身的精神必将鼓舞我们军队中每个战士。至于市民们，无论是马来人、华人、印度人或缅甸人，我们期望你们发扬东方人固有的美德——耐心、坚韧与冷静。这个美德必将有助于将士们取得最后和彻底的胜利。"

但，珀西瓦尔自己说这话也明显底气不足。这几天，他瘦高的身躯更加瘦了，战局的不利使他面容憔悴，眼眶深陷。马来亚守军共8.8万人，非战斗人员1.5万人，其中印度军3.7万人，英国1.9万人，马来亚军1.7万人，澳大利亚1.5万人。7万多守军对付6万入侵日军，人数上似乎占优势，但武器装备上，却没有一点优势。

珀西瓦尔的军事战略是加紧在海岸修筑防御工事。令他想不到的是，这些全都被日本人看得一清二楚。

新加坡总督申顿·托马斯爵士对局势充满信心。他有强烈的西方人种的优越感，认为英军无论在兵力和物资方面都具有优势，对付日本根本不成问题。

1942年2月，陆军中将山下奉文进军神速。6日，日本大批轰炸机呼啸而来，狂轰滥炸。8日，日本440尊大炮同时向新加坡开火。

黎明过后不久，一群群握着刺刀冲锋的日本士兵势如破竹，澳大利亚士兵虽然面临的处境很危险，但他们打得很顽强，终因不熟悉地形，逐渐地被日军分割、包围和消灭了。

"他们惊慌失措，小步跑着逃了过来。""天上下着瓢泼大雨，多数士兵的脚划了一道道的口子。他们涉过河流，穿过长满热带植物的沼泽地，穿过灌木丛，来到公路上。他们抛弃了一切累赘。他们扔掉了步枪和子弹。"一位军官回忆说。

从2月11日到14日，日本空军总共出动轰炸机4700架次，投下炸弹达770吨。新加坡上空黑烟弥漫，爆炸声此起彼伏。有一队日本兵冲进了亚历山大医院，日本人用刺刀挑死了躺在走廊里和地板上的伤兵。更有甚者，一位外科医生正在给一个伤兵做手术，冲进来的日军抱起机枪一阵狂射，医生和手术中的伤兵都倒在了血泊中。

"新加坡在燃烧、在破碎。"一位目击者说，"它好像是一座已被抛弃的城市，数以千计的毫无斗志的士兵到处奔命，许多人在日本轰炸机和机枪的扫射下成批地死去。"

与此同时，山下奉文还用飞机向珀西瓦尔的司令部抛下一些由他签署的劝降书。

"我基于武士道精神奉劝贵军投降。贵军以大不列颠传统精神为建军根本，现正保卫完全陷于孤立无援的新加坡，其艰苦卓绝的行动与英雄气概已光大大不列颠之声威……然从此以后抵抗已属无益，徒使百万居民遭遇更大危险，置之于刀光火影之中。战局既定，新加坡陷落已近在眼前，继续抵抗不仅徒劳，且将为城内广大非战斗人员带来直接损伤，陷百姓于更大痛苦与战祸之中，何况按我军之见，你等继续顽抗已不能再为英军增添声威。如果仍继续抵抗，我军不得不继续对新加坡施以猛烈攻击。"

珀西瓦尔没理睬山下奉文，这令山下有些愠怒，也有些不安。"我希望不至于是巴丹第二。"山下的参谋长宇都宫在日记中这样写道。

2月13日，星期五，的确是一个更加不幸的日子。那载着成年男女和儿童开走的50条船中，除了少数几艘之外，大多数被轰炸机和封锁这座岛屿的日军军舰击沉，几乎没有幸存者被救起。又是一批无辜的生命葬身海底。

日本《读卖新闻》社的特派随军记者小俣行男写道：

"出人意外的是山上的敌人扔下枪举起了手，有的挥着手帕朝我们走来。各个山头上的敌人都挥着手帕和帽子走下山来。假如这时这些敌人一齐扣动枪机，日军肯定会被全歼，然而敌人却停止抵抗缴械投降了。

"投降的士兵们都被押往山后，大约过了1个小时左右，山后响起了啪啪的枪声，他们恐怕都被'处分'了。这些被枪杀的士兵也许有五六十吧，不！也许超过100人。即使在这里也照常执行'救助印度兵，处死英国兵'这一原则。"

几天后，英军投降，在新加坡近10万英国兵被俘，只有这些人得以保全性命。在这以前，被俘的英国士兵毫无例外都被"处分"了。

2月15日上午，珀西瓦尔将各区指挥官聚集到一起，他说："我们已经陷入绝境，我不想拿士兵和市民的生命开玩笑，决定今天下午4点要求停火。"

珀西瓦尔的副官澳大利亚指挥官班尼特少将感到，这份静静的气氛中带着悲哀。

珀西瓦尔和山下奉文进行了谈判。谈判从下午6点开始，到7点50分结束，进行得相当艰难。

山下奉文不断地暗示当天要夜袭，不投降就要夜袭，不喜欢就夜袭，逼迫珀西瓦尔只回答一个"Yes"。

第四章 西安战俘营

珀西瓦尔对这个谈判的败北比作战的败北更加痛心。他在回忆录中，对这次的会见情形一句也没有提到。

8点30分，新加坡飘起了太阳旗。这个举世闻名的要塞地属于日本人了。70天，山下奉文以伤亡9824人的代价自北向南席卷马来半岛650英里，直至占领新加坡，俘虏的英军有13万之多。

山下奉文有了一个新的绰号：马来虎。据说，他本人还不太喜欢这个绰号。

2月16日，木户内大臣就新加坡的陷落向天皇祝贺时，天皇高兴地说："虽然像木户屡次说的那样，但深深感到这完全是由于在最初进行了慎重、充分的研究。"天皇向山下奉文发了诏令："亘马来西亚战役期间，陆、海军密切协力，已执行海上船团输送、运输工作与军事登陆作战等艰难危险任务。各级官兵甘冒疟疾之苦，并忍受酷热，已予敌人猛烈打击，以后复予以不断而快如闪电之追击，终于歼灭强大敌人，占领新加坡，获致铲除不列颠在远东之作战基地之战果。朕对此深表嘉许。"

《朝日新闻》用头版头条报道了新加坡的胜利，并冠以"大东亚战争大局已定"的标题。

在日本国内，政府得意扬扬地宣布，每家每户都发啤酒两瓶，赤豆一包，13岁以下儿童每人发食品一盒，里面装的是奶糖、水果糖和点心。

"只有我神武皇军才能立此殊勋。"大本营报道部长大平秀雄大佐宣称："日本乃照亮世界和平的太阳，沐浴在阳光下者茁壮成长，抗拒阳光者唯有毁灭一途，美英两国都应深思我日本3000年炽热的历史。我庄严宣布，新加坡一陷落，战争大局已定，最后胜利非我莫属。"

日本每占领一个城市，都免不了一番屠杀。大多数日本士兵憎恶华人，因为中国一直在进行旷日持久的抗日战争。华人经常无缘无故受审问和被监禁，被当作活靶子练拼刺，或被野蛮枪决。

1942年2月，山下奉文命令全体华人男子集中在指定区域，让占领军调查身份。有抗日情绪的和在当地殖民政府服务过的华人，全部被带走处决。据新

新加坡沦陷,珀西瓦尔签字

加坡《联合早报》记者陆培春先生在《亚洲特派记者所见到的亚洲与日本》一书中提供的资料估计,当时遇害的华人大约5万人左右。

日本人强制推行严厉的军事统治,结果陷入到处受到反抗的泥潭。当时欧美观察家们指出:"日本人的这种统治已经使中国的人民疏远,日本宣称它为亚洲人解放了亚洲,对这种说法本来抱有同情的人很快就遇到了占领军的铁拳头。"

日本士兵在占领区骄横无比。当地人见到他们必须鞠躬致敬。市民出门上街必须佩戴太阳袖章。夜里走路不带提灯格杀勿论。西方电影和文学作品一律取缔。一切都向东方看齐,即向日本人看齐。学校里教授日语,孩子唱日本歌曲。

投降时,珀西瓦尔说:"我有一个请求,你们是否可以保护妇孺和英国平民?"

山下奉文满口答应,却恶习难改,大肆残害盟军战俘。英、印、澳军战俘被日军赶到临时修建的战俘集中营。来自欧洲的许多妇女儿童被关进樟宜监狱,受尽折磨。英国女作家艾格尼丝·基思和她的小儿子所在的战俘集中营,是一个充满粪便臭气,腐烂的怪味,空气不流通,没有灯光,木质窗户的建筑。

即使这样,日本觉得还远远不够,他们要极尽其所能地羞辱这些西方人。

1942年8月4日,1000余名在东南亚战场被俘的英、澳白人男女战俘,从新加坡登船被押往朝鲜。上船前,战俘们自己的东西被日本兵搜刮得一干二净,若有反抗,立即遭到毒打。上船后,没有一个战俘能逃得了日本士兵的殴打。日本士兵不给他们食物和水,许多战俘因此而死去。

第四章　西安战俘营

29日，日本士兵命令战俘们列队游行。如有不从，即用皮鞭和棍棒一顿乱打。釜山的八月，烈日当空。战俘们在押解士兵的呵斥下缓缓走过大街，街道两旁的朝鲜人和日本人不断地发出谩骂和嘲笑声。有人朝战俘们啐唾沫，有人朝战俘们扔来小石子，日本士兵哈哈大笑，有意鼓励看热闹的老百姓侮辱战俘。

游行一直从上午9点延续到下午5点多，战俘们被押到釜山火车站，送往汉城（今韩国首尔），在那里，日本人又如法炮制让战俘游行了整整一天，然后才把他们押进战俘集中营。

这批历尽折磨的战俘，一进入战俘集中营，没过几天，好多战俘便相继死去。

1941年12月8日凌晨4时，珍珠港事件发生后的数小时之内，日军首次进攻香港。进攻非常迅猛。11日，酒井隆指挥的日军占领了九龙半岛，18日，酒井隆命令日军第51师团和第66联队向香港发动猛攻。飞机轰炸了香港启德机场，强行在香港岛登陆。

英国守军岌岌可危。日本军队已经占领了发电站，最后的淡水供应也在前一天被切断了，驻军已经被逼到岛屿的尽头。

在圣诞节，敌人的轰炸加倍地猖狂。上任3个月的香港第21任总督马克·扬（中文名杨慕琦）发表圣诞文告，鼓励士兵奋战。英军少将马尔特比率军顽强抵抗。

抵抗引起了日本人更加疯狂地进攻。田中久一率领的日军进入市区后，大开杀戒，进入香港圣斯蒂芬学院，发现校舍内住着

珀西瓦尔投降

英军伤病员，这些伤员大都断腿缺臂，失血过多，卧床不起。日本士兵把英军伤病员从病床上拖下来，剥光衣服逼到墙根，用铁钉从手掌或残肢上钉进去，伤病员顿时鲜血涌流。日本兵如此这般还不算完，继续用刺刀捅死60多人。女医生、女护士吓得尖声大叫，日本兵兽性大发，冲上去进行了强奸，然后全部杀死。

上午9时，日军释放了两名俘虏——一个是英国退伍少校，一个是平民，目的是让他们带信给香港驻军司令马尔特比少将。信中说：继续抵抗已属徒劳。

与此同时，日军第23军团司令长官佐木中将还命令停火三小时，让英国人下决心。

下午3时，马尔特比少将向马克·杨总督表示英军已再无力还击。"觉得一切都完了。"他告诉总督，"我们都做了最后的努力，不可能再进行军事抵抗了。"

当天晚上7点，在富丽堂皇的九龙半岛饭店336室，日军中将酒井隆主持了投降仪式。由于日军多次空袭导致停电，所以身着英国殖民总督插有羽毛、镶有金边的华丽服饰的马克·杨爵士在灰暗的烛光下签署了无条件投降书。

至此，两颗东方明珠，都纳入了日本人的铁蹄之下。

这是一个黑色的圣诞节。能带给这个黑色圣诞节一点光亮的是，31名英国官兵和情报人员成功地返回了英国。

原来，就在英国主力部队投降的同时，中国海军中将陈策决定乘船突围，15名英国高级军官，30多名其他官兵及英国情报人员也决定跟随他一起突围。陈策率众人在渡过香港岛与鸭月利州之间的海峡时，被日军发现了。日军组织炮火对这支小分队进行了猛烈的阻击。小艇很快被击毁了，陈策随即带着艇上的官兵跳入大海，奋力向对岸游去。经过一番努力，他们乘上鱼雷快艇继续北上。在突围过程中，部分官兵阵亡或被俘，仅剩下67人，而陈策也在炮火中左手腕负伤，多亏副官徐亨把他救上岸。

陈策凭着多年的作战经验，带着突围分队找到了东江抗日游击队。在游击队的帮助下，突围分队穿过日军封锁线，冒着炮火经过惠州、增城、韶关，到达了广西的柳州。此时，陈策的左手经过手术，子弹被取出，但由于身体虚弱，不得不放弃与突围分队一起前进的计划。此后，突围分队在中国军民的帮助下，经过贵阳、昆明，穿过缅甸，到达印度，登上了驶往英国的轮船。在突围的中、英人员中，英军有3名军官、28名士兵安全地回到了自己的家乡。

1942年，为表彰陈策的贡献，英皇授予他"帝国骑士司令勋章"（KBE）。英国政府还决定授予他大英帝国爵士的称号。

马克·扬总督与少将马尔特比投降后，被日军囚禁在香港赤柱监狱，后辗转至西安县战俘集中营。

这场香港保卫战中，1200多名英国人死亡，这个死亡率比他们的征服者高一倍。这是日本人首次占领"一个欧洲国家的海外殖民地"。

12月26日上午，酒井隆骑着高头大马在皇后大道举行了入城式。日本人向世界宣告，他们终于首次夺取了一个老牌帝国的海外殖民地，白种人没什么可怕的，所有欧洲的军队在大日本皇军面前都是不堪一击的。

酒井隆作为"代埋总督"，为报复香港的中国人和英军对日军的抵抗，对香港进行了两个月的血腥大屠杀：凡是日军认为可疑的人就开枪射杀，见妇女就强奸，遇财物就抢劫，很快便使香港、九龙尸体遍地，血流成河。

1946年5月30日，中国南京军事法庭对酒井隆进行了公审，9月30日执行了死刑。被处死后，英国政府向中国政府提出请求，索要了酒井隆的判决书副本，陈列在伦敦大英博物馆供英国人民翻阅，以告慰死去的冤魂。

1942年2月20日，日本在香港成立了香港占领地总督部，在中国华北战场制造血案的矶谷廉介，被任命为香港总督。

矶谷廉介走马上任时，日本首相东条英机通过香港副总督平野茂向矶谷廉介下达三点指示：①香港是英国囤有大量物资的地方，但是英国人巧妙地收藏起来了，日军必须对这些物资进行彻底搜查，并立即运回日本。②对于敌军不可宽容，不可给予良好食物，只能维持他们不死的待遇。③对于收容集中营的外侨，不得让他们夫妇同居，应个别禁闭。

矶谷廉介忠实地执行了这三点指示。战后，他被中国广州军事法庭判处死刑。

为了战争所需，日本大本营决定撤销香港总督部，改为香港防卫司令部，隶属日军第二十三军建制，并任命田中久一兼任香港占领地总督。

美国第十四航空队奉命轰炸香港的日军阵地，美国空军少校荷克在一次空战中，因驾驶的飞机被击中，他被迫跳伞。中国老百姓冒死将荷克保护起来。田中久一闻讯，即派出宪兵队队长野间助之贤搜索，终于搜出了荷克上校。田中久一不仅对营救美军飞行员的村庄进行了血洗，而且还对荷克少校处以极刑。

战后，中国公诉人控诉田中久一作为日本侵华高级将领，肆意纵兵轰炸中国城市，屠杀无辜百姓，虐杀英美俘虏，强奸中英妇女，已构成发动战争和违反人道罪，因而被广州军事法庭判处死刑。

1946年8月，美国军事法庭也指控田中久一在香港虐杀美国空军少校荷克，在香港圣斯蒂芬学院捅死英国伤病员60余人，强奸女医生和女护士，要求将其判以绞刑。

香港宪兵队队长野间助之贤被广州军事法庭判处死刑。应香港广大受害者的强烈要求，中国政府决定将野间助之贤押解到香港正法。1947年5月27日，野间助之贤在香港刑场被处决，无数的香港市民自发前去观看他的可耻下场。

巴丹失守后，对于侥幸逃到科雷吉多尔岛上的美菲部队来说，情况变得更加糟糕。日军的大炮开始猛轰科雷吉多尔，誓要把它轰成无人之地。

疲劳、饥饿和连续轰炸的恐惧感威胁着科雷吉多尔守卫者的生存。"连续不断地面临着炮火的打击，毁灭和死亡极大地改变了我们的生存价值。"一位幸存者写道，"我们只希望过一天算一天。一顿饱餐，一次洗澡，在防弹掩体中一次睡眠的机会，这些都是我们梦寐以求的。"

马林塔隧道外，战火纷飞，马林塔隧道内，1万多人拥挤在一起，神经紧张到难以忍受的程度，灰尘、污垢和发臭的死尸使人呼吸困难。苍蝇、蟑螂和其他虫子无孔不入，爬得到处都是。士兵的火气越来越大，为了一点小事也会吵起来。人们给它起了个名字——"地道病"。

形势糟糕极了，守住这个岛已经不可能了。

军需官向温赖特将军报告说，淡水至多只能维持5天。温赖特决定尽可能撤走医院的工作人员。两架运送药品的水上飞机奇迹般地穿过炮火，接走了大部分女护士。3日晚，潜艇"星鱼号"也穿过日舰的海上封锁线，将剩下的女护士全部接走。

4日，科雷吉多尔中了16枚炮弹。温赖特将军心绪很乱，他给马歇尔将军写了一份报告："我认为，敌人随时有能力进攻科雷吉多尔。敌人进攻之成功与失败完全取决于海岸防卫部队是否坚毅。鉴于目前士气的水平，我估计我们击退敌人攻击的可能性不到百分之五十，按照你的要求，我非常坦率和诚实地向你报告我对形势的看法。"

5日上午，温赖特看着坑道里痛苦的伤员，清楚地知道，如果再坚持打下去，他们的处境，除了一场屠杀外，不可能再出现奇迹了。

筋疲力尽的温赖特，看着面色苍白的参谋们，说："我们有责任保护伤病员。我们已经尽到最大的努力了！"

参谋们意识到，那一刻终于来了。

10点15分，温赖特哽咽着说："告诉日本佬，我们将在中午停止射击。"

在烧毁密码之前，温赖特怀着绝望的心情向罗斯福总统发出了最后一封电报："我以心碎的心情，哀伤地，但是问心无愧地向阁下报告。今日我必须为马尼拉湾这几个要塞岛屿安排投降条件……人的耐力是有限度的，而这个限度早已超过多时了。既然已无解救的希望，我认为，结束无谓的流血和牺牲是我对祖国和对我的英勇的将士的责任。

"如果您同意的话，总统先生，请告诉国民，我的将士们和我本人已经做到了作为人所可能做到的一切，我们坚持了美国和美国军队的最优秀的传统。

"愿上帝祝福您，保佑您，引导您和全国走向最后胜利。

"我即将怀着十分哀伤，但是仍为我英勇的部下感到骄傲的心情，去会见日军司令。再见了，总统先生。"

接着他又发电报给麦克阿瑟："从仁牙因海湾到巴丹半岛再到科雷吉多尔岛，我已尽最大努力坚守战斗。再见，将军。"

无线电发报员是年轻的下士欧文·斯特罗宾，他发出了科雷吉多尔岛上的最后一条信息："每个人都在像孩子似的大叫，在隧道中他们或死或伤地堆积在一起……快步舞曲结束了。"

他请求华盛顿方面的电报接收员转告他的妈妈："他无愧于祖国和母亲。"几分钟后，斯特罗宾和他的伙伴捣毁了所有的无线电设备。

11点30分，科雷吉多尔岛美军阵地上竖起了白旗。战火弥漫的阵地上空响起路易斯·毕比准将广播的投降书。

在投降这个问题上，温赖特还是有所保留的。直到最后，他还在试图用一种方式，将军人的耻辱降到最低。

他电告南方各岛驻军司令威廉·夏普少将，自己投降的范围局限在马尼拉湾的四个小岛，其余全部地区的指挥权交给他。

然而，日本人明确告知温赖特，投降必须包括菲律宾群岛的所有美国军队和菲律宾军队。

温赖特解释说："其余的岛归夏普将军指挥，他属于麦克阿瑟将军的最高司令部指挥。我无权要求投降。"

本间雅晴没想到温赖特跟他来这一手。他是傻瓜吗？他们曾经截获了华盛顿的一封确认温赖特为菲律宾群岛全体部队总司令的电报。

本间冷冷地盯着他说："既然如此，我们不能谈判。我们再打下去好了。"

本间这些话，可不是随便说说，恐吓那么简单。因为，温赖特和他的部下从他们坐的这个位置可以清楚地看到，科雷吉多尔岛上仍有炮弹在爆炸，对日本军队来说，战斗完全没有结束。

温赖特将军已经没有退路了。他要想挽救士兵的生命，就必须牺牲自己。

他的脸色更加苍白，慢慢地将身体转向本间，艰难地说："鉴于在菲律宾继续流血已没有必要和徒劳无益，我愿冒在战后遭到我国政府严厉谴责的危险，承担菲律宾群岛全体美军指挥官的地位。"

午夜时分，温赖特被送到马林塔隧道的西口，从一群群神情严肃的美国和菲律宾军人跟前走过。有些人走过来握握他的手或者拍拍他的肩膀。"没什么，将军，"一个军人说，"你已经尽了最大努力了。"

10日，温赖特被带到马尼拉市，向菲律宾全国广播了投降书。

作为一名高级将领，温赖特非常清楚地知道巴丹守卫战的战略意义。他们要将日军牵制在菲律宾，让美国有更多的动员和备战时间，并向海外调集部队。日军最高司令官预计用55天的时间拿下菲律宾，但美菲联军已足足守了接近日军预期的两倍多。

问题的关键所在，美菲联军已经弹药告罄，没有食物，没有药品，没有增援部队。什么都没有了，他们已无力再战。

巴丹、科雷吉多尔守卫战，在经历了124天的艰苦、饥饿、疾病的摧残和悲壮激烈的战斗后，终沦落敌手。

温赖特成了一名战俘。岛上的1.2万人也都成了战俘。

远在澳大利亚的麦克阿瑟，在记者招待会上说："科雷吉多尔不需要由我来评论，它已经用它的炮口宣告了它自己的历史，它把它自己的墓志铭刻在敌人的墓碑上了。但是，透过它最后一次叩击的动响的血色迷雾，我将永远仿佛看到坚强、瘦削、苍白而仍无所畏惧的人们的影子。"

这些落入日本人手里的科雷吉多尔的士兵们，也历经了劫难。

罗伊·韦弗看着自己的国旗降下，心里非常难过。"上帝，我们放弃了。我们投降了。我们输掉了这场战争。我们别无选择。"但在这种无比糟糕的情况下，比起死，生，更需要勇气和毅力。

想到这些，韦弗又感到有一种解脱。"该死的令人沮丧的战争结束了，我们可以回家了。"

他已经整整一天没有吃东西了，身体非常虚弱，非常渴望能吃到妈妈亲手做的饭菜。

但是，日军的残暴，他们马上就领教到了。

整整一周，韦弗没有得到一点食物。士兵们不停地在祈祷"上帝保佑我，不要让我饿死"。

他们的待遇和巴丹的其他士兵是一样的。他们被集中到码头，接受检查，被疯狂地搜身，稍不称日本兵的意，就会遭到拳打脚踢。战俘身上千方百计藏起来的私人物品，手表，戒指，甚至是家人的照片，都被日本兵一扫而光。

战俘们默默地忍受着，他们没有太多的气力与日本兵计较了。有一个美国上尉，当日本兵搜到他的时候，他因为身体发痒，不留意胳膊动了一下。这一下，让日本兵大怒。他咆哮着"八格"，用刺刀朝着上尉的胳膊砍去，血顺着上尉的胳膊直流而下，很快便晕厥了过去。

这些战俘，被装上了货船运到了马尼拉。因为这些船太小，成千上百的战俘挤到一起，只能用脚尖着地。到马尼拉上岸后，好多战俘立即平躺下，试图恢复肿胀的腿。

到了马尼拉，迎接他们的是游街。长长的队伍，走得很慢，战俘们衣衫破乱，面色苍白憔悴，走得拖拖拉拉，松松垮垮，有的战俘只是随着前面的人，机械地重复着走的动作。那些日本兵则趾高气扬，不可一世，时常去呵斥敲打着看不顺眼的战俘。

一名日本战地记者这样描述他所见到的美军战俘，"一群来自傲慢民族却不得不接受大日本帝国军人蔑视的人。""当我看到他们时，能感到他们只是一群混血杂种的后代，其尊严早已一无所有，而日本军人看起来英俊潇洒，我为自己身为日本人而自豪。"

韦弗忧伤地回忆说："我们像牲畜一样被驱赶。"这些战利品，最终在1942年10月被送到了卡巴纳端战俘集中营。

韦弗在这座战俘集中营待了没几天，被驱赶到马尼拉登上了地狱之船，到达中国奉天。

卡巴纳端战俘营，曾经是菲律宾军队的训练基地，现在被日本人扩建了。"日本人把它看作是一块储运地，一个奴隶的中转站。他们常常在附近把战俘拖来拖去。卡巴纳端成为菲律宾最大的持续时间最长的战俘集中营，也是建在外国土地上的最大的美国战俘集中营。有大约9000名美国人迈进了卡巴纳端的大门，将近三分之一的人在那里结束了自己的生命，并在营地铁丝网以外的灰土地下被掩埋。"美国作家汉普顿·赛德斯描述道。

在战俘集中营里，战俘们自己给生活寻找乐趣。海军士兵们想办法在营房里开辟了一个地方，立起一根柱子，在上面挂一块生锈的金属三角铁。这样每当吃饭时击打铁片的声音显得格外清脆，士兵们就像回到了农场的家中。

精神上的痛苦和肉体上的一样严重。韦弗最大的感受是，"我们这些失败的士兵，被剥夺了一切权利。所有这些我都可以承受。但令我们最不能忍受的是，没有自尊。"战俘们的自尊，在日本人眼里，是可笑的。

有的战俘触犯了一点点小事，就被日本人审问拷打。看着战俘们行将死去的神情，日本人却站在一旁嘲笑讥讽。到了晚上，有的战俘会忍不住叫出声来，"上帝，你为什么抛弃了我？"

西安北大营

西安县，1911年发现了煤矿。1913年日本人插手辽源地区的煤矿调查。1931年12月，日本关东军派前高级参谋河本大作、安田永造等前去接收西安煤矿。

西安人血性儿郎，不约而同地聚集起来，挥舞着中国政府国旗，高声呐喊"日本人滚出西安城。日本人滚出去。"河本大作害怕了，愣是没敢下火车。小日本计上心来，找汉奸于芷山带领武装，强行接管。民众的抵抗终究如一丝星火被扑灭了。

日本人河本大作，制造了皇姑屯事件，炸死了张作霖，1930年8月退出军籍。但他骨子里的劣根性怎能允许他放过东北这块肥肉。11月，他任东京中日实业公司顾问，继续染指东北。不过此人最终也没落得好下场，1955年病死于太原战犯管理所。

西安处于东北腹地，位于沈阳、长春和哈尔滨三个东北主要城市的中轴线附近，交通便利，四通八达。它距伪满洲国首都长春仅100公里，距奉天200公里，并在距离45公里处设有军用机场，拥有发电厂和东北第二大煤矿"西安炭所"。

如此好的地方，日本人自然不会放过。占领西安后，日本成立了驻西安日本领事馆，派遣了日本警备队，修建了南大营和北大营，理所当然地统治着。

西安人民的生活陷入了水深火热之中。西安成了日本人的"模范县"。

1944年，李传国已经是西安县立龙山国民优级学校五年级的学生了。日本人占领这块土地，已经13年了。他们已被强化教育成满洲国人。但是李传国祖籍山东阳谷，父辈是闯关东过来的。有时候关里来人，会说一些八路杀日本人的事。李传国隐约地懂得什么叫中国人。

同学中有个姓陈的，姐夫在汪伪政权，属和平建国军。有一次，陈同学从姐夫那里拿回来一个棒球，上面一边是日本旗，一边是青天白日旗。李传国好奇地问："这棒球，这边是日本旗，这边是什么旗呢？"陈同学说："是中国旗。咱是中国人。"

陈同学说得很谨慎，因为当时这种说法，在日本人眼里，已经构成反满抗日罪了。

日本人不准东北地区人民说自己是中国人，一律叫满洲国人。推行日语为满洲国语，日语成了小学生的主要课程。

原西安县立西宁小学三年级学生郝连生，提起日语课，仍充满仇恨。那时日语授课老师叫孙国军，在同学们眼中，他是一个非常厉害的角色。有时上课，他点名让同学到黑板上去默写日语单词，如果没有写上来，他会抓着同学的后脑勺向黑板上撞。有时回答问题，如果回答得不好，就要到池子里罚跪。池子在教室的窗户底下，用砖头砌成，底部全用有棱角的石子铺成。这原本是用来美化环境的，却成了罚跪的工具。

西安盛产玉米、水稻、大豆、高粱，都是非常好的粮食作物。可在赵凤江的记忆里，他们家经常吃不饱。赵凤江家里开粮站，尚且如此，更不用说普通人家了。

西安县的城里人，由日本人发给配给证，农民交粮后，再由粮站按配给量发到每户。人们吃的最多的是用橡子面、苞米面或者高粱米做的窝窝头，不准吃大米、白面。如果发现偷吃大米、白面，要以经济犯论处关押进监狱。就连过年吃一顿大米饭也不行。

日本人严格执行他们的体制，让中国农民"缴纳出荷粮"。国务长官武部六藏亲自主持召开伪满洲国各省次长、警务厅长会议，在会议上说："当大东亚战争紧急之时，诸君对粮谷出荷工作，要加倍努力，如有阻碍，须把它压过去。"

赵凤江经常看到老农民赶着马车来送粮，身上穿着的衣服破破烂烂，补丁叠补丁，日本所谓的更生布，就像撕扯的蚊帐，时间不长就成了网状。

每到收获季节，农村便布满了日本人的爪牙，各种名号的"出荷督励班"、"游动检索班"和"检问所"，像幽灵般游荡在乡村，挨户搜查，遇到反抗的，即拷打、逮捕或囚禁，强迫交粮，有些地区甚至连种了都被搜光。

居民之间，有交换粮食的，立即拘捕以经济犯论罪。仅在1943年，东北居民被加以"经济犯"罪名的案件，就有607万余起。

河本大作留给西安的，还有触目惊心的万人坑。也就是如今的辽源矿工墓。

日本人搞的"采炭报国"，是疯狂的。疯狂开采，疯狂掠夺，把大量上好的煤运回日本，至于矿工的死活，他们不管不问。

西安方家柜"万人坑"触目惊心。在大约200平方米的地方，埋着3排矿工尸骨。这些尸骨密密麻麻，肩挨着肩，腿压着腿，形状多样，有的双腿还被铁丝捆绑着，有的头部、臂上残留着刀斧砍过的痕迹，还有的骨盆已经变黑，表明死者生前受过电刑。万人坑从1941年开始埋人，仅1年零8个月就埋满了。从那以后就在这里修了炼人炉，成千上万的尸体，有的被砸死在井下，有的死在皮鞭下，有的连饿带病爬不起来，被活活扔进万人坑。有的想逃跑，电死在电网上，有的被狼狗咬死，有的被督察队抓回来绑在电线杆上，用乱棒打死了，都被拖到这里烧成了灰烬。

1941年5月，井下发生瓦斯爆炸，600多人被活活烧死。当时有20多人并未烧死，他们沿着主井绞车道已经爬上井口，但日本人早已用砖封死井口，致使他们惨死井里。

李传国出生在一个商人家庭。父母做火柴生意。无忧无虑的童年，却因为有时不听话，被父母吓唬："你再哭，小心鬼子抓你进北大营。"小小年纪，对北大营有了莫名的恐惧。这种恐惧，不止小孩子有，西安县的大人们对它同样充满恐惧。

北大营所在的这条路，是去往矿山的必经之路。在李传国的记忆里，北大营占地很广，里面有几栋红砖平房，很大的操场，周围围着铁丝网。大门向西，南北各有水泥岗亭一个，并有日本兵持枪站岗，内驻日本兵，警备森严。

他有时候去矿山，都要从北大营门前经过，常常会看到有两个日本兵站岗，挺大的院子里经常有日本兵活动。但他不敢停留，只能用眼睛余光扫一扫，稍微走慢一点日本兵都会把他赶走。

北大营由日军警备队驻守，控制山上煤炭资源安全和隔断反满抗日组织与城内百姓的联系。后来警备队又圈养了狼狗。

在李传国的印象中，西安警备队有100个左右兵力，编制有一个连队。但是1941年之后，警备兵力似乎减少了。

与北大营呼应的是南大管。南大营在南门里东侧，是一幢青砖平房四合院，驻伪满洲兵，主要负责城内治安。

1943年，正是日本穷凶极恶的时候，日本军队强迫中国人民献钢、献铁，强制征收日用金属制品110余种，就连人们日常所用的门环、铜匙、铁火盆等都被搜去了。

日本人还向学校里的学生伸出了毒手。小鬼子以为小孩子好哄好骗，变着法儿跟他们进行实物交换。有的时候是糖，有的时候是袜子，有的时候是鞋子。

第四章　西安战俘营

李传国，就差一点上了日本人的当。那些天，他四处搜集，搜到一小口袋伪满的铝币。他的目标是用它换一双期待已久的靴子。

李传国的班主任田国真老师，是一名地下国民党员。田老师严肃地说："你们现在是六年级的大学生了，都懂事了，你们应该明白，这些金属铜铁是干嘛的？打仗的时候它们能干嘛？"

最后，田老师语重心长地说："你们不要叫人钓鱼当诱饵。"

李传国一琢磨，明白了。这些铝币可以变成杀人武器。他决定不换了，把这袋铝币拿回了家。听了田老师的话后，同学们再也没有换过。

李传国说："我的爱国激情，我的爱国精神和我的校长、老师有关。"

1945年5月20日，田国真老师和其他十几名老师，以反满抗日罪被日本当局抓起来，关进了监狱。

同学们都愤怒了。李传国看过很多武侠小说，他想："我要是小说里的主角，会武功该多好，我就把老师抢回来了。"但他太小太弱，面对日本军国主义，没有反攻之力。三个月后，苏联进军西安，李传国才得以到监狱大门去迎接老师出狱。

日本人搞奴化教育的项目之一，就是宣传"勤劳奉仕"。学生，无论年龄大小，都要定期进行勤劳奉仕。

有一天，李传国、刘作相他们一班同学，被带到北大营进行除草。学生们是从侧门进去的，没看见日本兵，但他们去的那个院子已经荒芜了，草都齐腰深了。

李传国回忆说："可能是要住进战俘了，没有人除草整理院子，让学生去，收拾收拾院子除除草。"

盟军高级战俘

日军把战俘押送到奉天战俘集中营，利用他们的一技之长，为战时的日本制造更多物资。日本人看中的，是他们的技术。那么，温赖特他们，其曲折的辗转关押的经历，日本人关注的，是他们可以作为政治筹码。

1942年6月9日，日本军官告诉温赖特："现在你是战俘了，你和你的随行军官今天要动身去打拉战俘营。"

乔纳森·梅休·温赖特，前美菲联军总司令成了阶下囚。爱德华·金少将、摩尔少将、帕克少将、琼斯少将，这些将军们都被集中到打拉来了。

打拉战俘营原来是菲律宾军队用于新兵训练的营地，可住80人，现在竟然安排了180人居住。将级军官稍好点，每个人可以有一张小床。但空间太小，只能床头对着墙，床挨着床，上床睡觉要从脚底这一端爬上去。将级以下战俘安排的是双层木制大铺，甚至没有草垫子。

温赖特了解了更多的暴行。菲律宾第31步兵师的长官，克利福德·布卢梅尔准将和卢瑟·史蒂文斯准将在他们的队伍前面，并肩走着，一辆卡车上有个日本兵用竹竿狠狠地朝史蒂文斯的头打去。史蒂文斯的眼镜被打得粉碎，眼冒金星，血顺着脸流了下来。

布卢梅尔急忙扶住史蒂文斯。两个人却一起跌进了沟里。一个日本兵用手枪对准布卢梅尔，大声吆喝着叫他让开。他没理会，一心想把昏沉沉的史蒂文斯扶起来。史蒂文斯站不起来，布卢梅尔只好把他拖到田地中间。

这时，一个日本兵端着上了刺刀的枪向他们冲过来。日本兵看见史蒂文斯满头是血，把他扔在那儿，把布卢梅尔押回到大路上。

史蒂文斯趴在杂草丛中一动不动地看着队伍走远。不过，很快，他又被另一支日军抓走了。

在打拉，史蒂文斯坚持不住了。他患了严重的疾病，肝脏肿大，还伴有轻微的心脏病。战俘们一再要求日本人让他尽快入院治疗，7月26日，日本人才同意把他送往医院。但日本人选的是奥德内尔战俘营的一所整个菲律宾最差劲的医院。

将军们的待遇尚且如此，更不用说那些士兵了。高级将领们在担忧自己的命运时，也在担忧着自己士兵的命运。

第四章 西安战俘营

1942年8月26日，他们被押到台湾花莲战俘营。一个月后，战俘营又来了一批新战俘，有夏普少将及许多英、荷、澳的将军级军官。英军中将珀西瓦尔被日本人从新加坡樟宜的一所监狱转移到了台湾，随同他一起的还有上校以上的军官。

花莲战俘营的伙食很差，这里的战俘们一个个骨瘦如柴。不合脚的木鞋，折磨得许多官兵的脚踝开始肿大，有一些人已经是皮开肉裂。英国驻马来亚少将贝克维斯·史密斯被日本士兵无故暴打后忧郁而死。希斯中将被打得双眼像两个血窟窿。温赖特中将也曾几次挨过日军士兵重拳击打面部。普通战俘每天都被殴打两三次。和温赖特中将同居一室的金少将，被打得几乎不能走路了。

温赖特中将和金少将最初见面的那天，曾谈起他们带领士兵投降的详情。那天，温赖特打电话给金少将，要他把半岛西部的部队调出来，主动进攻马尼拉方向的日军。但爱德华·金少将知道这是不可能的，他是个毕业于美国佐治亚大学法律专业的军人，冷静，文质彬彬，深受长官和士兵的爱戴。他炮兵出身，经验丰富，"一战"时获得"卓越服务"奖章。1940下半年被派往菲律宾。1942年3月，接替温赖特负责巴丹防务。

正如他向温赖特报告的那样："两天之中，一支军队消失得无影无踪。我们再也没有办法进行有组织的抵抗了。"

大批狼狈的美菲溃兵向马里韦莱斯港涌去，他们从丛林里钻出来，或翻山越岭，或沿海岸公路，成群结队逃向最后的目的地——科雷吉多尔岛。

炮火追击着他们。许多人跑着跑着就倒下了，永远也起不来了。

沿海公路上挤满了溃兵。伤兵们躺在路旁绝望地呻吟着，惊恐不安的人们顾不得他们，只是麻木地拖着疲惫的身子走向马里韦莱斯港。

一批又一批的飞机轰炸，炸弹在人群中开花，能跑的人挣扎着跑向丛林，跑不动的人转眼间血肉横飞，哭叫声撕心裂肺，不少人绝望之际向自己开枪。日机向逃往丛林的人扫射，地上布满了各种形态死去的人。

"我们的飞机在哪儿？"有的士兵在问。

"回美国老家了。"

士兵们仿佛只有不停地嘲弄，才能证明自己还活着。

当夜幕降临，爱德华·金少将设在马里韦莱斯山上的指挥部被捣毁之后，他意识到最后抵抗的时刻马上就要到来。

"空中烟尘遮天，碎片横飞，爆炸声使人胆战心惊。"一位青年海军军医写道。就在他撤走的时候，一座汽油库正被炸毁。

面对前线已经崩溃的局面，爱德华·金少将决定不再做无谓的牺牲。他要挽救所有士兵的生命。

爱德华·金少将是一位具有献身精神的将领。"他完全明白自己接替这个位置会带来不可避免的悲剧，"一位美国军事史学家写道，"但是他毫不畏惧地忍受了这一切。"

在后来的一次与先期送往中国东北的战俘的见面会上，他流泪向他的士兵保证，他自己对这次投降负责。他说："我们被要求放弃抵抗，我们只是这样做了。你们不要对此感到惭愧。"

4月9日凌晨，他召集参谋人员商议投降之事。虽然战局已定，但任何人都明白，金将军如果擅自投降，即使他能生还回到美国，仍要被送上军事法庭。

爱德华·金告诉大家，麦克阿瑟不允许温赖特投降，是他违抗了命令，与温赖特将军无关。

爱德华·金少将下令美军竖起白旗。这一天，巴丹半岛陷落。76000名美菲联军向日军投降，其中美军12000名。

上午9时，金少将带着两名副官，被日军押送到达拉瓦奥日军前线指挥部，向本间雅晴的作战处长中山源夫大佐表示：巴丹守军停战，望日方停止无谓的流血，优待放下武器的将士。

爱德华·金将军要求延长12小时，以便收集战场上的伤员。日方冷冷地拒绝了。

"我们的部队能得到善待吗？"金将军问。

日方代表奈山肯定地告诉他："我们不是野蛮人。"

第四章 西安战俘营

合影的身后就是当年温赖特将军等人被关押的地方,现在已没有踪迹可寻,只有两棵郁郁葱葱的大树无声地诉说着世事的沧桑(王艳摄)

爱德华·金将军解开了他的军带,扔在桌子上。金将军和他的两名副官即被日本军队扣留。

作为一个对内战史有研究的军人,爱德华·金少将想起1865年的同一天,李将军说过的一句话:"现在除了去见格兰特将军已没有什么别的事可做了,虽然就我本人而论,我宁死千次而不投降。"

温赖特沉默地拍了拍这位老友的肩膀,无奈地摇着头。战争,没有赢家。

1944年10月1日,温赖特将军等人被送到日本,稍事停留后,又被送往四平郑家屯战俘集中营。

温赖特自从成为俘虏,就一直在不断地迁徙中度过自己的战俘生涯。

就在他们迁移的同时,西安这个小县城也开始了它的忙碌。北大营,过去用以关押政治犯、反满抗日分子和无辜平民的人间地狱,现在要升级了,这里要迎接大人物了。

1944年12月8日,温赖特他们被押到了西安县战俘集中营。战俘集中营的日本军官是原井中尉,美国俄勒冈大学毕业生。这个美国毕业的大学生,驯服起战俘们可一点也不含糊。

战俘到达这里的第一天,就收到了一个详尽的说明表格。这个表格明确地告诉战俘们房间里的每件物品必须放置在他指定的位置,就连废物盒、痰盂和涮水桶都要放在一个精确的位置上,差一厘都不行。

一天夜里,温赖特将军因为出入厕所时忘记按照规定的门口进出,在厕所出入口站岗的日本哨兵发现后不容分说,打了他几记耳光,又凶残地将他打翻在地。

在战俘集中营,温赖特将军非常忧郁。他常常在想,自己会不会因为投降而被看作是叛国。因为当年，麦克阿瑟不允许他们投降。这种想法在战俘生涯的三年里，像影子一样盘旋在他的脑海里。

他经常被日本兵押着，到外面院子里活动活动。阳光，树林，常常让他恍如隔世，以为又回到了菲律宾。

那还是1942年3月10日，麦克阿瑟召见了乔纳森·梅休·温赖特将军。

乔纳森·梅休·温赖特出身军人家庭，自己是两次大战的典型美国职业军人。1906年毕业于西点军校，曾在菲律宾服役。1938年升为准将，2年后，以少将身份被派遣到马尼拉。在这次菲律宾保卫战中，温赖特成了麦克阿瑟的中坚力量，是深受官兵们爱戴的长官。"为了打击日本，以及担负他毕生最顶点任务起见，他比任何的美国将军都历尽了千辛万苦。"一位美国作家这样写道。

麦克阿瑟告诉温赖特说："我要你告诉你的所有部下，我是屡次反对无效后才不得不离开的。"

"是的。麦克。"温赖特说。

麦克阿瑟使劲握了温赖特的手，说："乔纳森，坚持下去直到我回来代你。"

麦克阿瑟留给坚持战斗的官兵们，是司令部最后一箱香烟，他自己送给温赖特的礼物，是两盒刮脸膏。

10天后，晋升中将的温赖特，临危受命，进驻了科雷吉多尔岛的马林塔隧道，担任了驻菲律宾全体美军的总司令。

科雷吉多尔岛还有一个名字"岩石"，面积约1700英亩。岛上部署着42门远程大炮和迫击炮，地下隧道纵横，与1400英尺长的马林塔主隧道交织成网。当时岛上有1万余人。

尽管麦克阿瑟离开巴丹半岛是秘密的，但士兵们总可以用自己的方式和途径得到消息。他们感到自己受了骗，麦克阿瑟把他们抛弃了。当时美军中有一首讽刺歌谣到处流行，它是用《共和国战歌》的曲调唱出来的：

老麦老麦真窝囊，

做事谨慎不能算胆量，

第四章　西安战俘营

富兰克林造的金星他保护得好，

四星上将和巴丹的美味一样小，

可知他手下的士兵饿得发慌。

士兵们饿着肚子，咬紧牙关，坚持着。食物供应量越来越少。3月底，食物量一减再减。在一些地方，军官们不得不制止士兵们吃死去动物腐烂的尸体。尽管如此，物资管理处还是从牙缝里挤出食物救济在巴丹半岛的菲律宾平民。

药品储备严重不足。医药越来越紧缺，基地医院已人满为患，只能在野外四处搭建应急的医务室。4月1日，美菲联军的病号猛增，每天都有1000多人因战斗伤亡或疾病而倒下。医生估计联军75%至80%的人生了一种或几种疾病。

疾病到处蔓延，士兵们大都得了疟疾、脚气病、坏血病和登革热，有气无力地躺在散兵坑里。正如一位士兵描述的那样："左边的腿感到水肿并且抽搐，心脏也像机器陷在沼泽里一样，跳得很吃力。"

乔纳森·温赖特既有内忧又有外患。他一点也不为自己的晋升感到欣喜。

参谋人员向他汇报战地实际情况说，有些士兵饿得连枪都举不起来，日本人进攻怎么办？

"如果日本人发动进攻，你们将会发现我和你们站在一起，决不会后退一步。不管我接到什么样的命令。"温赖特说。

同时，他电告华盛顿："如果在4月15日之前运不来粮食，部队就只能投降。"

一天，温赖特正在前线视察，大批日机轰炸美军阵地。6架P-40战斗机凌空而起，勇敢地扑向黑压压的日本轰炸机。日本轰炸机发现美战斗机后，仓皇而逃，把大部分炸弹都投到甘蔗林去了。

但笨重的P-40不是零式日本战斗机的对手，10分钟内，6架战斗机先后被日机击中。

有人说："日本佬，总有一天要跟你们算总账。"

温赖特摘下军帽，向飞行员致敬。他说："看到了吗，我们的飞机飞起来等于自杀，他们明知零式战斗机跟在轰炸机后面很危险，可还是毫无畏惧地攻击轰炸机。"

可是，此时，勇气和信心已有些缥缈。物质，才是最需要的。部队到处都是强烈地祷告："赐予我们今天的粮食吧。"

爱德华·金将军只能靠拐杖行走

前线的士兵每天只能得到三分之一定量的食物。附近的野菜已被吃尽。军需部的指挥官想尽办法从农民手里买来一些水牛，杀了发给士兵，眼看着水牛也所剩无几，要想活下去，只有杀战马了。

那天晚上，温赖特久久地凝视着自己的战马——约瑟夫·康德拉。它也很久没有吃饱饭了，一副萎靡不振、有气无力的样子。

温赖特抚摸着它，约瑟夫并不知道自己的主人在想什么，亲昵地舔着他的手。

温赖特流泪了。

他派人通知军需部，杀了自己的战马……

西宁小学三年级学生郝连生，有一天，就碰巧看到了这些在外活动的战俘们。那一天，日语老师孙国军通知他们这个班，到北大营院内去除草。进了北大营，老师告诉他们，在院子里不要乱跑，厕所在营房北侧。

小孩子的心是管不住的。他们瞪大眼睛，四处张望，想看看这个吓人的北大营究竟哪里吓人。郝连生去厕所时看到那里有一个狗圈，好多条狼狗张着大嘴，他吓得撒腿就跑，直到跑回同学中间，心还扑通扑通地像要跳出来一样。

郝连生手里拔着草，眼睛却在东张西望。这时，他看到，有一些人被日本兵看着在院子里走来走去。他很好奇，日本人长得怎么都不一样？而且，日本兵穿正式的军装，被看守的这些人，大夏天的，仍然穿着破破烂烂的西服，有的不是西服，好像是军服，却跟日本军装不一样。

挨他最近的同学，小声说了一句："这是外国人。"

"外国人？外国人关在咱们这里干什么？到底是哪一国人？"这些问题一下子全涌了上来，可没有人给他一个确切的答案。

中午，郝连生还吃到了一顿日本快餐。同学们每个人发了一个小饭盒，小饭盒是用单层胶合板做的，里面有粳米和日本小菜。

郝连生打开一看，心想，这小日本可比中国人吃得强多了。但他吃不习惯，又酸又甜，一点也不稀罕，倒是饭盒里的一双筷子引起了他的注意。之前，他从不知道还有这种方便筷子。

1943年国高毕业的王锡德，进入日本人管理的水道系做技术实习生。1945年农历3月末，他到北大营去例行维修。在院子的东坡，他看到，一些高鼻梁、蓝眼睛、黄头发的"老毛子"，有的背靠墙耷拉着脑袋闭目小憩，有的席地而坐伸出双腿，双眼半开半合。他们个个身体瘦弱，无精打采，穿着松松垮垮咔叽布制式军服，军服上缺扣少纽，破洞显眼，看起来脏兮兮的。也有人像当年关东人那样脱去外衣，低着头抓虱子，抓起甩向一边草里。

农历七月，距离日本投降还有10多天。王锡德再次来到北大营，看到的却是另一番景象。陪同他维修的日本兵，面色暗淡无光。那些老毛子更加消瘦，一副病恹恹的样子，有的眯缝着无神眼睛，馋巴巴瞧着外边远处已近成熟的蔬菜果实，有的向他们伸出干瘦的手，索要东西的样子，嘴边还喃喃说着什么。

西安战俘集中营天气非常寒冷，以至于战俘们不得不日夜穿着几乎所有的衣服，卡罗尔中士和威拉德下士帮忙从厨房弄来一些面粉，打成糨糊，在窗户上糊上纸条，以此保持室内温度。

房间里有暖气，采用气暖供热，但3月21日就停气了。尽管地表土都是冻着的，日本人还是让勤务兵出去干活，犁附近的一个花园。高级军官分得了小块的土地，在那里他们可以种植蔬菜。温赖特的勤务兵卡罗尔中士干完了他的繁重工作后，不顾劳累地帮温赖特种植了一些豆角、辣椒、甜瓜和番茄……

1945年夏，刘作相出了家门沿路去矿山时，路过北大营。隔着马路，他看见院内日本兵端着枪看着一些人干活。

当时马路不太宽，两侧的景物都看得清清楚楚。那些干活的人，身穿黄色军装，头戴大盖帽，帽沿上有一道很宽的红杠。他们皮肤发白，鼻子高大。

刘作相觉得很稀奇，不知不觉放慢了脚步，近乎原地不动地向院内张望。

那些人在清理院子里的杂草，有的弯下腰用两手在地上划拉几下，站起来，两手掐着杂草送到铁丝网下，再回来。你来我去，重复着这些动作。日本兵时不时地挥动着手中的枪，高喊："哈呀枯，哈呀枯(快，快)。"

刘作相正看得起劲，忽然对面岗亭的日本兵挥动着枪喊道："衣K、衣K(走、走)。"

刘作相知道北大营的厉害，一听日本兵这样喊，赶紧快步走开了。那个时候，他只知道这些人是洋鼻子，并不知道他们就是盟军战俘。

事实上，日本的保密工作做得相当好。那时，西安的老百姓没有人知道这里还关押着这么高级别的战俘。

时间到了1945年5月。5月，是一个令人忧郁的季节。这个季节，勾起了温赖特将军对菲律宾战争的回忆。他不禁一次次地问：这场战争，什么时候会落下帷幕？他们所受的暴行，什么时候会结束？

第五章　解救战俘

老兵们解放了

"没有什么可以描述我的感觉。我的生命被掏空了。我努力装出勇敢的样子。我拼命想走出那个梦，却发现自己已经走不出来了。"到了晚上，罗伊·韦弗的母亲克里斯蒂娜拿着行动失踪通知书，再也忍受不了内心遭受到的越来越大的煎熬。

的确，战时，无数母亲、妻子生活在焦灼的等待中，不知道什么时候就有随军牧师前来拜访，或者收到一封以"我代表国防部长表达深深的歉意……"开头的电报，一旦这种事情发生，她们的生活就垮掉了。

她们的心情就像艾森豪威尔在给妻子的信中写到的那样。那是1944年4月的一天晚上，"二战"欧洲最高盟军指挥官德怀特·艾森豪威尔向妻子诉说道，"我多么希望这场残忍的战争能够快点结束。除了回到你身边的渴望，剩下的全是恐怖和悲哀。我统计每天的伤亡——认识到又有多少年轻人永远地去了。一个人必须培养一副冷酷的外表才能不带感情地考虑这种事情。但是他永远无法回避这样的事实：阵亡的消息给全国的无数家庭带来了痛苦……在战争中，不仅仅是那些必须忍受痛苦的士兵，还有那些失去了亲人的家庭，都需要具有真正坚忍的神经……"

发生在韦弗身上阴差阳错的故事，颇似好莱坞巨片《魂断蓝桥》中的情节。克里斯蒂娜先后三次接到美国海军陆战队总部发出的行动失踪通知书，通知书中写道："因为没有罗伊·韦弗的死亡通知，所以推定他是一名战俘。我们将随时向你通报任何进一步的细节。"克里斯蒂娜一直坚信："我的儿子还活

大和旅馆始建于1927年，解放后改为辽宁宾馆

着。他在世界的某个角落里，只是你们没有发现他。"

这样想，于事无补。

在韦弗的家乡华盛顿州埃伦斯堡，还有一位妇女失去了她的儿子。克里斯蒂娜和她，两个悲伤的妇人，经常在教堂里碰到，经常走到一起。两位母亲，互相诉说着儿子的一点一滴，似乎在她们的诉说中，儿子就会立刻从某个遥远的地方走到自己的眼前。

克里斯蒂娜承受着煎熬，活在自己的世界里，在痛苦与幸福的边缘徘徊。

有一天，克里斯蒂娜做了一个梦，梦中韦弗像离开家时一样，挎着背包，微笑地向她走来，喊了一声"妈妈"……

1945年，春天开始向大地微笑。春风送暖，一切又开始含芳吐蕊，开始歌唱。与这春意极不协调的是，一群荷枪实弹的日本兵押着骨瘦如柴的战俘们走出营房，走向营区外的田野，战俘们今天的劳动任务是播种玉米和土豆。这田野让他们想起家乡丰饶的土地和农庄。他们忙里偷闲地呼吸着大自然的清新空气，肢体的每个细胞都活跃起来，心也不再麻木。可他们还是那么忧郁，这田野的风，这可爱的自然之风，什么时候能带来亲人的消息，什么时候会带来自由女神赐予他们命运转折的消息。

转眼已至秋天，当初这群郁郁寡欢的美国老兵，却迎来了喜气洋洋的季节。他们的身份已发生了根本性的转变。他们的祈祷上帝听到了，所以派人来拯救了他们，使他们恢复了自由之身。这是一个丰收的日子，更是一个值得庆祝的日子。

此时，他们的任务是监督日本战俘收割庄稼。那些成熟饱满的玉米，像一个个长满胡须而且走过世事沧桑的老爷爷，捋着自己的须发打量着这些昔日盛气凌人的日本兵。现在，是他们正将它们一个个收进筐里。

第五章　解救战俘

人生四季交替，命运跌宕起伏。一种一收之间，世界已是两重天……

在太平洋的战略问题上，尼米兹和麦克阿瑟有了分歧。麦克阿瑟在总统面前据理力争，最终履行了他离开菲律宾时的誓言：我一定会回去的。

麦克阿瑟如此热爱这个群岛，和他父亲的影响是分不开的。40年前，他的父亲阿瑟·麦克阿瑟陆军准将，曾任菲律宾群岛的军事总督。1941年7月，已离开军界的麦克阿瑟，因战事需要，受命在菲律宾建立远东美军司令部。

1944年，麦克阿瑟打回来了。10月20日，一艘登陆艇载着他和菲律宾总统塞希奥·奥斯梅纳向红滩驶去。麦克阿瑟在自由之声广播电台发表了演讲："菲律宾人民，我已经回来了。由于上帝的恩典，我们的部队再一次踏上菲律宾的国土上……大家继续发扬不屈不挠的战斗精神！投入战斗吧！"

三年的时间，武器、人员已今昔对比。三年的卧薪尝胆，是狠狠回击日本的时候了。

只不过，他的对手此时已不再是本间雅晴，而是"马来虎"山下奉文。

1944年9月26日，山下奉文被任命为第14方面军司令官，负责菲律宾的战事。山下奉文曾自信地对日本记者说过："我将在菲律宾写下大东亚共荣圈的光辉历史。"

但，此一时彼一时，"马来虎"失去了昔日在马来亚的威风，节节败退。

伴随着美国战线不断地向前推进，日本军队的政策也越来越明确。他们一方面计划将所有身体健壮能够劳动的战俘带回日本，以防止他们落入美国人手里。在日本，战俘们既是劳工，又是筹码。另一方面直接屠杀战俘。

卡巴纳端战俘营，日军把病情最严重的500名战俘留在这里。其他战俘则被押上轮船离开菲律宾，向日本驶去。

21岁的尉官汤米·肯尼迪，在科雷吉多尔岛被俘，1945年1月，被关押在日本的地狱之船上时，他写下了给父母的信。

"亲爱的爸爸、妈妈：

如果我能战死疆场也好，现在却要因痢疾死在这个地方。沃尔兹和巴德已经在1942年9月被押往日本本土，请把沃尔兹的勋章寄给他母亲，1942年9月我最后见到他和巴德时，他把勋章留给了我。我们从12月13日起离开马尼拉，在两艘船上遭到轰炸，现在是在第三艘船上了。给宾夕法尼亚州霍兹代尔的玛丽·罗伯森写信，告诉她儿子麦尔韦弗1月17日死于痢疾，就死在我的怀里。我们就像亲兄弟。他被埋在靠近中国的海岸。"

肯尼迪最后的信和勋章从一个战俘手里转到另一个战俘手里。每个人在即将挺不住时都会把这些遗物转给别人。1945年末，在战争中幸存下来的战俘将这些东西寄给了肯尼迪的父母。

不幸的是巴拉望战俘营的150名战俘直接被日军屠杀了。1944年12月14日午夜2时左右，战俘们被日本士兵用枪逼着走进自己挖的防空壕，那原本是他们为了躲避美国飞机的轰炸而挖的。当战俘全部走进壕内时，日本士兵用水桶装着汽油向上淋去，继而投进了点燃的火把。逃出来的战俘，有的被步枪和机关枪射死，有的被刺刀刺死。只有5个人游到了海水里，躲进丛林，参加了菲律宾游击队。来自美国犹他州的尤金·尼尔森就是其中的一个，侥幸生还。

战俘们曾被告知：如果日本战胜了，会送他们回美国；如果日本战败了，会杀掉他们。曾在日本国内及占领地许多俘虏营中住过的俘虏作证说：他们都听说，如果盟军侵入该地，日本战败时就会杀掉他们。

1944年12月和1945年2月之间，由马尼拉防卫队所发命令的卷宗中有下列命令："当敌方侵入时，须注意勿失爆炸和焚烧的机会。当屠杀菲律宾人时，应尽可能将其聚集在一块地方，以节省炸药和劳力。"

麦克阿瑟顺利地打回来，多亏了菲律宾游击队。从这支部队里传过来的信息，麦克阿瑟越来越担心三年前被俘的盟军官兵。

麦克阿瑟将军的总司令部，早在1944年10月22日向驻新加坡的日本第七方面军总司令官发出警告，该总司令官管辖着太平洋地区的大部分和菲律宾群岛。麦克阿瑟将军警告说：如果俘虏及被拘禁平民遭遇任何不当的待遇时，都要由敌方指挥官负直接的责任。虽然在菲律宾投降的美国人和菲律宾人都相信，根据战争法规，对他们的名誉及人身保护是他们应享的权利，但他们却掌握了日军曾侵犯最神圣的军人名誉，以及摧毁其名誉，施之以暴行之类事件的无可辩驳的证据。

这些警告，日本收到了不少。1944年1月29日，加利福尼亚的旧金山KWID无线电广播局，广播了白宫秘书斯提汶·厄尔利所发布的消息。其中说

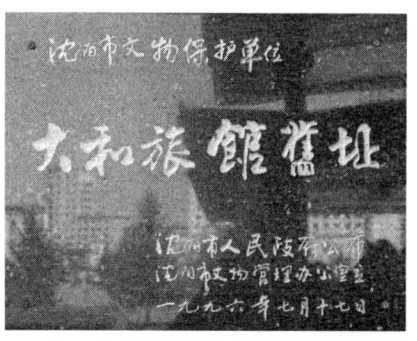

如今的大和旅馆

日方无论如何都不准美国政府运送食物和物品给美国和菲律宾的俘虏。厄尔利说："对于在日本手中的我方俘虏，已没有希望给他们运送救济品。所以关于经慎重调查而证据确凿的事实的报告，已到了发表的时候。"

KWID无线电广播局在当天，广播了美国国务卿赫尔和英国外交部长艾登的声明。赫尔谈到在日本手中的俘虏待遇时说："从那些关于残酷与无人道行为的报告看来，他们对于美国人和菲律宾人所施的那些意想不到的暴行。只有集世间一切恶魔们的残忍性再加上他们的残暴血腥行为，才能够描述出来。"

艾登说："日本人不仅违反国际法，而且违反全体人类的道德底线和文明人身份。"他警告日本政府说，在这个战争中，日军所犯的暴行记录，是将来永不能忘的。

赫尔在这个声明的结尾说："美国政府尽可能地搜集了一切有关日方残酷对待俘虏的事实，并打算充分处罚日本当局的责任者。"

对这些，日本置若罔闻，一意孤行。

麦克阿瑟加紧了战事步伐。他一面展开不给敌人喘息的战斗，一面又派出精锐部队展开营救。

1945年1月29日，他派出的别动队将卡巴纳端的512名盟军战俘解救了出来。这些"一有好机会日本人就会屠杀他们"的战俘，获得了新生。这次营救立刻在美国民众中广为流传，很多战俘的亲人朋友，又一次燃起了新的希望。他们翘首以待，希望这些名单里有自己的亲人。

麦克阿瑟随军进入马尼拉后，做的第一件事就是去圣托马斯大学看望这些

战俘。麦克阿瑟刚走进营房，那些可怜的饿得半死的战俘们激动地大声喊叫。他们衣服破烂，污秽不堪，泪流满面，握住麦克阿瑟的手，有人张开双臂拥抱麦克阿瑟，一头扎在他的怀中哭了起来……战俘们边哭边笑，他们争着对麦克阿瑟说："谢谢你。"

"将军，你真的回来了。"

"您胜利了。"

"上帝保佑您。"

麦克阿瑟不停地在战俘间走来走去，对自己的老朋友达克沃斯上校哽咽着说："对不起，让你们等太久了。"

一位幸存战俘回忆说："麦克阿瑟安静地与他的情感作着斗争，这反映出他对自己老部队的悲惨遭遇还有些不相信。我怀疑这位将军的访问是一次歉疚之旅，但他的哀伤是真诚的。"

接着，麦克阿瑟来到比利比德监狱。1500名获救的战俘中有800名巴丹老兵。他们个个瘦骨嶙峋，默不作声，以立正的接受检阅的姿势迎接麦克阿瑟，偶尔有人禁不住要掉泪的哽咽声会打破这份安静。他们几乎是有气无力地对他耳语："您回来了。"

麦克阿瑟说："我回来晚了，我要送你们回国与家人团聚。"

罗斯福给麦克阿瑟的贺电称："在解放马尼拉的时候，谨向您个人和您的指战员们表示庆贺。这是在远东重建自由和庄严的历史性时刻。这次战斗的行动之迅速和兵力之调配，使我们无限地增加了对您成功的赞赏。请向游击队员们转达我的感谢和祝贺。他们对这次战役作出了杰出的贡献，特别是他们经受了多年的苦难，为这一时刻的到来所作的准备。"

获救的美国战俘们回到了自己的家乡，当到达金门大桥时，他们都哭了。罗斯福总统的电话在现场广播，他向这些前战俘们致以最崇高的致意，并且道歉自己不能亲自出席。然后，每一位前战俘都收到了一封来自白宫的亲笔书信："你们已经勇敢地在外国战斗并且承受过极大的痛苦了，愿上帝赐福给你们每一个，祝早日康复。"

第五章　解救战俘

1942年，他们曾在菲律宾战场传诵着美联社前线战地记者弗兰克·休利特的一首诗：

我们是巴丹的苦兵卒，

没有妈，没有爸，没有山姆大叔，

没有婶，没有叔，没有侄儿和侄女，

没有枪，没有飞机和大炮，

甚至没有人给予一个诅咒。

如今，他们的脑海里不断地重复着这首诗。不同的是，他们被解救回国了。他们不再是被遗弃在巴丹的人了。不管怎么样，期间经历痛也好苦也罢，他们还活在世上。这才是最重要的。

但还有一些人，那些被分解了的，曾经一起并肩作战的战友。那些被四分五裂了的，从菲律宾各个战俘营转移走的战友们，不知道在世界的哪个角落，过着不为人知的艰难生活。

就在菲律宾战事开始，或者说更早些时候，海尔·利思进入美国战略情报处工作。经过各种训练后，1945年5月16日到达中国昆明。6月，利思进行了伞兵训练，这是为营救战俘作最后的准备。

8月13日，中国战区召开特别成员会议，讨论营救战俘的不同任务。利思受命被派往奉天。盟军担心在满洲的日军可能会对高级将领战俘在远东实施绑架并扣作人质。

盟军的这种担心不无道理。

1945年6月出版的《日本投降记》一书记载，日本的总决战计划是"狠毒残忍到极点的"。这个计划分三个阶段：

第一阶段：撤退中国华中、华南日军，毁灭江南精华区。包括毁灭广州，毁灭京、沪、杭三角洲内一切建筑物，毁灭武汉市。

第二阶段：从事本土及中国京杭大运河以南之防御战。

第三阶段：最后决战之阶段，亦即日本、伪满、朝鲜的整个毁灭阶段。包

战俘解救后放电影（罗伯特·布朗提供）

括全力保卫东京，以自杀战术阻抗盟军，如果东京陷落，即向盟国无条件投降。东京投降后，中国华北、东北及朝鲜的日军必仍继续决战，直至全军覆没，不许一兵一卒投降或活命。

盟军在没收的台湾某一俘虏营的日记中有关于对俘虏实行"非常手段"时应采取的方法，其中详述如下："究竟是采取个别消灭，集体消灭或无论什么办法，究竟是用大量爆炸、毒烟、毒物、溺死、斩首或什么办法，均应依照当时的情况来处断。无论什么时候，须以不令一兵漏网、全部歼灭、不留痕迹为主旨。"这种全体屠杀的命令，除其他情形外并包括对一切"企图脱逃可能成为敌方作战力量"的人，都应加以执行。

奉天战俘集中营里2000多名盟军战俘的性命危在旦夕，这里面包括帕克等26名将军，甚至还有温赖特中将。盟军中国战区决定提前启动营救计划。

1945年8月16日，盟国中国战区参谋长兼驻华美军司令魏德迈少将下令实施了代号为"火鸟行动"的战俘集中营救行动，6名美军战略情报处人员从位于中国西安市的美军空军基地起飞，在奉天空降。

和奉天空降行动同时行动的还有其他5个小组，行动地点分别是潍县、哈尔滨、北京、上海、海南岛。

抵达奉天的海尔·利思一行6人，向日本人解释战争结束了，可他们不信。6个人终被拒降的日本人蒙上双眼，带到了战俘集中营见他们的宪兵队长。

利思抵达奉天的当天晚上，已经消除了俘虏身份，被安排在大和旅馆休息。这个大和旅馆是有来头的。从1909年至1937年，日本在东北共建了5座大和旅馆，第一座在大连，其他四座分别在旅顺、长春、哈尔滨和奉天。1931年10月，日本关东军首脑在大和旅馆聚会，密谋成立了伪满洲国。

第五章 解救战俘

与此同时，盟军派人来营救的消息，像长了腿一样通过不同的途径传到了战俘集中营。

8月16日当天晚上，战俘集中营里炸开了锅。战争结束的传言成了热门话题，为此战俘们还打了很多赌。许多军官战俘一夜

离开沈阳

未睡，有人打牌，有人看书，有人在聊天。日本兵破天荒地没有上刺刀，没有像往常那样命令战俘们熄灯睡觉，没有因为战俘们在规定时间以后吸烟，或在远离烟灰盒的地方吸烟而打人。

"我们太激动，太兴奋了，根本没有办法进入睡眠。我们谈论这几个美国军人的军装、枪，自己什么时候回家，怎么回家……话题太多了。上帝，这是我们第一次可以这样无所顾忌，畅所欲言。人人都争着发表自己的看法。"奥利弗·艾伦回忆说。

有的战俘发觉狭小的宿舍已容纳不下如此振奋人心的消息。他们不约而同地跑到操场上，自由自在地笑着，走着，拥抱着。虽然有日本兵看到他们，但只是在一边默默地看着，什么也没说，什么也没做。

17日一早，小乔治·帕克将军、英国马尔特比将军和荷兰的将军被叫到战俘集中营办公室。帕克少将进司令办公室门之前敲了敲门，进门后向日本官兵鞠了一躬。海尔·利思看到，帕克将军的身体非常消瘦，很明显的营养不良，但是他人十分振作。

利思告诉他，战争结束了，不用再鞠躬了。

此情此景，不仅利思记忆清晰，每一个战俘都记忆犹新。罗伊·韦弗依然记得，当时一辆日本人驾驶的卡车开进了战俘集中营，上面坐着6个全副武装的美国空降兵。韦弗他们都懵了。不敢相信自己的眼睛，更不敢确定到底发生了什么事。因为利思是他们见到的第一个自由的美国人。

但当利思走出办公室，对着战俘们说完那句话"我们是来接你们回家的，

战争结束了，我们赢了！"时，战俘集中营一下子沸腾了。

一时间，喊声，欢呼声，叫声，震耳欲聋。

战俘们再也用不着掩饰感情了，几百个人拥抱在一起欢呼雀跃，围着营地跳啊蹦啊！有的战俘对着天空，发出撕心的呐喊，脸上流下了激动的泪水。

三年了！准确地说，是三年零四个月了！一切都结束了！所有的苦难终于结束了。战俘们长时间以来一直祈祷的这一天终于到来了。他们感谢上帝，仍然能活着，熬过那段恐怖时期。

虽然没有纪律约束了，但也没有人试图逃离，没有人去顾及日本人。

随后从办公室出来的帕克少将说："日本仍然暂时掌管战俘集中营，苏联人几天内就到，战争正式结束！正式结束！我们不久都会回家。大度些对日本人。记住，我们赢了！"

战俘们一片欢呼声后，帕克将军接着说："温赖特将军还在西安，拉马尔少将和利思士官去西安的第二战俘集中营把将军接回奉天，然后过几天运输机会空投食品、武器和衣物。祝大家好运。感谢上帝。"

18日，扩音器里通知全体战俘到操场集合，举行接受日本人投降的受降仪式。在操场的讲台上，日军上校井户向帕克将军交出了战刀。

帕克将军宣布："我们现在自由了。"他接过了战俘集中营的指挥权，接过营房仓库的钥匙，行使战俘集中营行政管理职责。他和比勃将军一起制订了计划，应付可能的突发事件，设置了完整的战俘集中营机构，选出了管理战俘集中营的全部工作人员，战俘集中营新的体系已经确定。与此同时，战俘们得到命令，不许任何人对日本兵进行报复，否则按军法论处。

帕克将军迅速地组建了一个由美国军人参加的护卫队，选出了一个集体膳食军官。这位军官刚一上任，马上指示要给官兵增加食品配额。

战俘集中营内的各项工作紧张有序地进行着。但此时战俘集中营对外还是封闭的，因为奉天城还在日本人的掌管之中。战俘们不能随意外出，离开必须持有帕克将军签发的通行证。

正是18日这一天，奥利弗·艾伦一下子收到了母亲写给他的54封信件，有的竟然是两年前的信。54封信件都寄到了，却被扣押在日军那里。重新看到母亲熟悉的笔迹，艾伦激动地哭了。

在战后回访沈阳的座谈会上，艾伦动情地说："当时救援兵来的时候，我不知道发生了什么事情，甚至不知道有人要来救我。所以我觉得冥冥之中一直在受保护。我觉得非常幸运。"

但是艾伦不知道的是，再过几天甚至是几个小时，如果美国救助小组没来人的话，他们就将成为日军的刀下鬼。

大势已去的日本人一直在暗中策划阴谋。据战后日本人交代，他们曾经接到指令，要杀掉所有战俘，就连掩埋尸体的地点都已经选好了。

日本人决定执行那个绝密计划，计划把所有校官军衔以上的战俘送往西安战俘集中营。这也就是帕克将军他们在16日早上被日本人命令打起包裹的原因。

日本人还计划炸掉战俘集中营附近东北方向的变电厂，炸毁油库和战俘集中营。日本兵得到的命令是用机枪封锁战俘集中营的各个出口，不许一个战俘活着逃出去。他们原定8月29日实施这些暴行。

即使时间过去六七十年，罗伊·韦弗讲到这一段时，感觉仍是很后怕。他说："如果营救队员没有及时赶到，我们就不能活着回到家，不能再吃妈妈做的饭菜……再次吃到妈妈做的饭菜，很香。"

20日晚上，战俘们又一次列队集合。在苏联军官的主持下，美军卫队的20名队员接过了日本士兵的枪支。这是官方的正式解救战俘仪式。

战争结束了。从此，开始了新的一页。

美英将军受降

1945年8月15日，西安县立龙山国民优级学校里，正逢课间休息，同学们都在学校操场上热热闹闹地玩耍。突然，听到广播电台播放"特大喜讯——

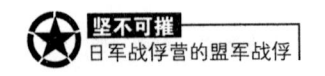

日本无条件投降。"同学们立即停止了打闹，脸上一片惊疑，愕然。电台反复播放。李传国联想到前几天日本兵的狼狈相，这才相信，他大声地喊着："啊！日本完蛋了。伪满垮台了。"

同学们像从梦中惊醒一样，欢呼跳跃，把帽子抛到空中，互相搂抱，捶胸振臂，高呼："我们是中国人。不是满洲国人。我们是中国人。"

日本煞费心机地进行了14年的奴化教育，灌输"日满协和，日满亲善，王道乐土，大东亚共荣圈"的信念，此刻，仅仅一句投降，就被一笔勾销，土崩瓦解了。

校园里响起了钟声、铃声、铜盆声、水壶声……一切可以敲响的器具，都敲打起来，响起来。

县城主要机关、学校、商店、油坊的门脸上都悬挂起鲜艳的国旗。看着国旗，仰望蓝天，大家都觉得，天是中国人的天，地是中国人的地，一砖一瓦，一草一木都是中国人的。人们见面后不断地重复着："我是中国人。我是中国人。"

8月20日，苏联红军进驻西安。人们纷纷走上街头欢迎他们。李传国人小胆大，一点儿都不知道害怕，攒足了劲地挤到人群的前面，看苏联"大鼻子"。

有一个苏联士兵把一盒冲锋枪子弹拿出来，一个小孩分一发。分完了，他两肩一耸，对没有分到的小孩感到遗憾。这些士兵们吃西瓜吃油条，也跟李传国不一样。他们把油条放在自己戴的小帽子里吃，没有刀，西瓜放在腿上一顿，掰开就吃。

就像看西洋镜一样，李传国对这些苏联红军战士狠狠地瞧了个够。

不过，这也是李传国的家地理位置好的原因。他们家住在小什字街不远，地处中心街道，也是西安县城南北通向必经之路。

两天后，李传国又一次看到了西洋人。这次看到的西洋人，不同于苏联红军战士和小日本鬼子。

那天下午时分，距李传国的家不足百步处，他看到两辆敞篷军用卡车和一辆吉普车停在小什字街南边南康一条、二条胡同的十字路口处。最前面的是苏联吉普车，车上坐着一个苏联军官。这个"大鼻子"跟卡车上的"大鼻子"不一样，这个苏联军官戴着军衔。卡车上站着二十几个穿着军绿色军装，没有佩戴军衔，黄头发、蓝眼睛、高鼻梁儿、体质瘦弱，面色苍白，与苏军大不一样的"大鼻子"。

大人们都在前边瞅着，有的跟他们拉手握手，有的送给他们吃的食物，有的给他们送香烟和水果。

围观的人群中也有感到新奇的，议论纷纷。"这是些什么人？是从哪里来的'大鼻子'？"卡车上的"大鼻子"一边招手一边微笑着向人群说外国语致意。

苏联军官从吉普车上走下来，嘴里嘟噜着，向围观的人们问："去茅古甸的路怎么走？"

"'大鼻子'跟'大鼻子'怎么不一样呢？怎么会有两种'大鼻子'呢？"李传国自言自语。他年纪小，挤不到人群的最前边去，只能被夹在后面看着这些人。

一个中年男子告诉他说："这是美国战俘。不是苏联'大鼻子'。这是美国人。"

"美国人？战俘？美国的战俘怎么抓到我们这里了？"李传国好奇地继续问道。然而，大人们的心早已被光复的胜利装得满满的，谁会去理会一个孩子的好奇和自言自语。

苏联军官问完路后，收起地图，上了车。车队顺道向南开去。

这些美国人成了一个谜团，一直藏在李传国的心里。一晃六十多年，李传国已经退休并定居沈阳。

2004年，沈阳第一次迎来了美国战俘和当年解救过他们的海尔·利思。利思第一次向媒体透露说，西安还有战俘集中营，当年关押过乔纳森·梅休·温赖特将军和盟军好多高级别的战俘。

李传国看完报纸，心里立即激起千重浪。六十多年前的往事一下子浮现在他眼前。他激动地说："我亲眼看见战俘离开了西安。"

谜团解开了。只是，当年他是一个12岁的小孩子，如今，已是耄耋之年。

1945年8月21日，包括海尔·利思在内的营救队员，在奉天战俘集中营军官的陪同下，坐了一天一夜的火车，来到西安县战俘集中营，见到了温赖特将军。利思告诉他："您将代表美国接受日本投降。"

温赖特将军是一个性情平和的人，他送给利思一张附在投降文件上的有他签名的照片和一条丝带，还给了一份写给西安战俘集中营所有其他战俘的关于解散"温赖特磨刀片工厂"的备忘录复件。三年的战俘生活，温赖特已经成了老练的磨刀片专家了。

有一个勤务兵威拉德，有些不得人心。在战俘们眼里，他与日本人的关系不一般，他对日本兵好，所以日本兵对他也好。爱德华·金少将是一个文质彬彬的人，他很担心这个士兵的安全。他告诉利思，正是自己在巴丹投降了，因此他不想用比其他人更方便、更快捷的方式回家。他要求利思在回家的路上确保这个士兵不受虐待。利思答应了。

回国后，海尔·利思与温赖特将军、爱德华·金将军都保持了联络。他们成了朋友。

24日中午时分，温赖特听到山坡下的街道传来了喧闹声，从战俘集中营的窗子望过去，他看到了带有苏联红军标志的美国吉普车和卡车。温赖特告诉海尔·利思，让他到大街上找苏军指挥官。利思找来原井中尉和一个卫兵，一起去见了苏联军官。这个军官对于利思比他们早到几天，感到十分不满。

温赖特向苏联军官介绍了自己和其他人，解释了现在遇到的困难，并请他帮助撤离。

苏联军官说："我正要用这些吉普车带着特遣部队去奉天。如果你们能够找到运输工具带上自己的东西，并且在一个小时之内准备好，我将带领你们一起出发。"

原井中尉为温赖特他们征用了两辆破旧的客车和两辆破旧的卡车。所有人包括原井在晚上6点15分向奉天出发了。

第五章　解救战俘

10点30分，车队一行人到达西丰。车没有了汽油，他们只能坐在老百姓家里耐心地等着。老百姓的日子并不好过，经历了日本14年的奴役，他们连最基本的生活温饱都解决不了。

但，这家的主人还是想方设法让这些外国人吃了一顿饱饭。他们拿出了自己舍不得吃的高粱米，做了一锅米饭，炒了菜，又拿出自己酿制的东北酒，热情地招待了这些客人。

从左到右依次为珀西瓦尔、麦克阿瑟和温赖特

利思留下饭钱时，他们没有收。温赖特感动地说："我会记住你们的。"

25日，车队又遇到一处十分陡峭的山坡，偏偏此时，天下起了大雨，客车陷入了泥泞。当地村民自觉地集合在车队周围，表示愿意帮助车队。几十个村民把卡车上所有的行李扛到小山上，又在车前填上石子和木头。之后，他们和车上的人一起，连推带拉地把客车从泥中拖出来，直到把它弄到山顶上。

温赖特又一次拿出钱，准备给他们的领头人。他们同样没有收。

"我们做这件事不是为了钱。"利思将村民的意思转述给温赖特将军。

温赖特将军后来回忆说，在他最初抵达沈阳和最后离开沈阳的路上，他得到了众多中国人民的帮助。他说："没有他们的帮助，我不可能再次出现在麦克阿瑟将军的身后。"

26日，温赖特将军到达奉天大和旅馆。稍事休息后，他派人将已列好的随机回国的人员名单送到奉天战俘集中营。27日一早，小乔治·帕克将军从奉天战俘集中营赶过来，他收到了名单，而且已经作好了准备，但他想做一个小的调整。帕克将军告诉温赖特，他自愿留在这里直到所有的战俘全部撤离，同时，推荐威廉·布鲁沃准将先走。

这是一个勇敢的决定，帕克将军受到的苦难不比其他任何一位高级军官少，同样渴望尽快离开这个地方。

123

1945年日本投降签字仪式上，温赖特和珀西瓦尔站在正在签字的麦克阿瑟身后

27日上午11时，温赖特将军和其他高级将领、高级文职人员共35人，乘坐美军C-47运输机离开奉天。31日下午，抵达日本横滨与道格拉斯·麦克阿瑟将军见面。

晚上7点，麦克阿瑟正准备吃晚餐。这时，副官跑进来告诉他，温赖特将军到了。麦克阿瑟马上起身去迎接。在门厅，他看到一位几乎认不得的老人：温赖特双眼深陷，两颊凹进，瘦骨嶙峋，头发雪白，皮肤看上去像旧皮鞋面，身上穿的军服满是褶痕。他拄着拐杖，步履艰难。

此时此刻，温赖特尽力做出微笑的样子，想说什么却哽咽着说不出来。麦克阿瑟上前拥抱住他，百感交集地说："得啦，瘦皮猴。"麦克阿瑟把双手搭在他肩上不停地安慰他。

温赖特直到摄影师上前拍照才说出话来。他说，自己为放弃科雷吉多尔而感到羞愧。听了这话，麦克阿瑟对他说："怎么啦，乔纳森。只要你愿意，你原来的那个军仍归你指挥。"

这张乔纳森·梅休·温赖特与道格拉斯·麦克阿瑟热烈拥抱的照片，65年后，被放大挂在了中国沈阳"二战"盟军战俘集中营遗址的纪念馆展厅内。

9月2日上午9时，在海军密苏里战舰上，麦克阿瑟主持了日本的受降仪式。麦克阿瑟宣布："盟国最高统帅现在代表作战各国和日本签字。"他回身邀请了乔纳森·梅休·温赖特将军和阿瑟·欧内斯特·珀西瓦尔将军站在他身后。

签字仪式上，麦克阿瑟用了6支笔来签名。用第一支笔签完字后，他回头把这支笔赠给了温赖特，用第二支笔签完字后，他回头赠给了珀西瓦尔。

军舰上一个年轻的水手郑重其事地对他的同伴说："今天这一幕，我将来可以讲给孙子孙女听。"

第五章　解救战俘

乔纳森·梅休·温赖特将军和阿瑟·欧内斯特·珀西瓦尔将军参加完东京受降仪式后，即启程赴菲律宾，参加那里的投降签字仪式。菲律宾的投降仪式就设在碧瑶的高级专员别墅。

9月3日上午9时30分，代表盟军的温赖特将军和珀西瓦尔将军走进别墅落座，代表日本的山下奉文和武藤参谋长等人也一起就座。

山下奉文很想刻意地保持大日本帝国军人的形象，可是，他的视线落在了他昔日的死对头珀西瓦尔身上。

山下奉文有了小小的震动。他还不十分确定，这个人真的是珀西瓦尔吗？从道理上讲，珀西瓦尔早已当了俘虏，应该在其他别的地方，怎么可能跑到菲律宾战线的投降签字仪式上来了。

但，双方相互介绍时，山下奉文大吃一惊。他受到很大的刺激。即使签完字被押回到比利比德监狱，他依然不能平静。珀西瓦尔将军的出现，让他感到难以忍受的屈辱。

珀西瓦尔也在尽量克制自己的情感，保持自己的英国绅士风度，但与山下奉文面对面时，他的心情很复杂很晦涩。他想起昔日的马来亚战场，想起辗转的战俘生涯，想起死去的将士，想起备受折磨的岁月，想起很多，很多。

新加坡沦陷后，丘吉尔指出这是"英国史上最沉痛的浩劫，规模最大的投降"。

现在，交战双方签字，一方受降，一方投降，历经耻辱和死亡的无情战争以这样一种平和的方式结束了。珀西瓦尔发誓，一定要为英国的老兵们争取尽可能多的补偿。

回到英国后，阿瑟·欧内斯特·珀西瓦尔做了远东战俘协会的终生主席，尽力为与他有过相同经历的战俘们争取补偿，并最终为他们获得了500万英镑的日本冻结资产，并由远东战俘协会福利基金会分发。

回到英国后，珀西瓦尔为陆军部撰写备忘录。这本备忘录经过英国政府修改，于1948年发表。1946年，珀西瓦尔以荣誉中将的身份退伍，但只有少将的退休金。与其他英国中将不同，珀西瓦尔没有获得爵位。

菲律宾的投降仪式现场

1949年，珀西瓦尔的回忆录 The War in Malaya 出版。1957年，他领导了对电影《桂河大桥》的抗议，最终使电影加上了"故事纯属虚构"的声明。他还是赫特福德郡红十字会的主席。

1971年，约翰·乔治·史密斯和珀西瓦尔合著的《珀西瓦尔和新加坡》(Percival and the Tragedy of Singapore) 出版。

回到美国后，温赖特被授予了国会勋章。这枚勋章迟到了3年，1942年，马歇尔想为温赖特申请，但麦克阿瑟以他的表现不配获得如此殊荣，对贡献比他大的人来说不公平为由，表示不同意。而直到1945年，杜鲁门总统亲自为他戴上了这枚象征着最高荣誉的国会勋章。

1946年，梅休·乔纳森·温赖特将军出版了回忆录 General Wainwright's Story:The Account of Four Years of Humiliating Defeat, Surrender,and Captivity，1953年逝世于德克萨斯州的圣安东尼奥。

1981年，作家杜安·舒尔茨为他写了一本书《巴丹英雄：温赖特将军的故事》(Hero of Bataan:The Story of General Wainwight)。

海尔·利思的故事

海尔·利思有一个中国名字：李和德。但他中国和美国的老朋友都亲切地喊他李奇。2007年5月21日，李奇来到沈阳。包括1945年那次，这是他第三次来沈阳。

在这儿，李奇是绝对的明星。太多人想听李奇讲解救的故事，而且他本人又是一个非常传奇，非常有幽默感的人。

第五章　解救战俘

战时，海尔·利思是美国战略情报处（OSS）奉天战俘集中营解救小组的成员之一。他23岁参军，1944年进入OSS工作。1945年8月13日，在营救战俘特别成员会议上，中文和俄语流利的他被安排到奉天解救那里的战俘。

李奇说："我对中国的感情很深。"他告诉我们，自己在美国学过汉语。他无比骄傲地说："我会2500个汉字。"

这次回访沈阳，李奇和太太海伦·利思两个人一起前来。战后两次来沈阳，他们两个人都是一起，这应了中国那句古语：夫唱妇随。当我告诉李奇这个词语时，他白皙的脸上竟现出一抹不易察觉的羞涩，侧身看看坐在身边的太太，笑得更加灿烂更加幸福了。

听李奇讲营救过程远比听战俘们讲述苦难经历时轻松得多。他的讲述非常生动形象，让人有身临其境之感——

（1945年）8月16日凌晨4点30分，我们坐B-24运输机从西安出发，上午10点30分到达奉天。翰西尼少校是这个营救计划行动小组的组长，拉马尔少校是医生，斯坦特上士负责通讯，乙藤是第二代日裔美国人，负责日语翻译。

从上飞机时，我就一直在祈祷：祈祷我们能顺利说服日本人投降，顺利地解救战俘。

到了奉天后，我是第4个跳下来的。离开机身，我听到自己的降落伞降下来了，过了一段时间，听到"叭"的一声，我知道自己落地了。

最后一名营救队员落地后，飞机又用降落伞空降了武器、通讯、医疗设备和食品，正准备离开，天空突然出现了一架日本零式战斗机。它没有携带弹药，却朝着B-24飞机飞去，准备实施自杀式撞击。飞行员发现了险情，他猛地一下拉起控制轮。幸运地，飞机飞上去了。那架日本零式战斗机从我们飞机的腹下掠过。

说到这儿，李奇双手作了一个交叉手势，现场模拟了这个有惊无险的场景。

着陆以后，我们确定是降到了战俘集中营的北部。我们先看到了一些中国人，并向他们询问战俘集中营的位置。有一名中国人自告奋勇地说："我带你们到战俘集中营去。"我们把斯坦特上士留下看护药品，其他4个人前往战俘集中营。

走了大约25分钟，眼看就要到达战俘集中营。前面小路上突然出现了一伙日本兵，用步枪指着我们，命令我们站住。拉马尔少校跟我说，他要卧倒投入战斗。我立即否决了。我说："你要动一下我就干掉你。"

事实证明，李奇的话是正确的。后来，拉马尔少校说，多亏了海尔·利思的镇定，才保证了任务的完成。尽管李奇凭着自己的机警躲过了一劫，但今天想起来，他还是感到后怕。

营救小组是来解救战俘的，结果却成了日本人的俘虏。这倒有点意思了。我跟他们说："战争已经结束了。我们是来营救战俘的，不想造成其他人员的伤害。"日本人不相信我说的话。

日本士兵用布蒙住李奇等人的眼睛，将他们带回了战俘集中营。没过多久，营救小组的其他人也被陆续带到。日本士兵开始打电话和上级联系。晚上，已消除了俘虏身份的营救队员，被安排在大和旅馆休息。

第二天早晨，我们起得很早，吃过早饭后直接去了宪兵司令部。负责宪兵队的日本上校说："东京方面已经告诉我向你们投降，我现在可以进行剖腹，你们是否要看。"

我说："不，我们要求你待在这里帮助我们，以便我们能够更好地解救战俘。"

后来还有日本人要求剖腹，他们觉得剖腹能让他们保留一些尊严。我劝说他们："不要这样做，都是生命。你们不要这样做，也不要再对战俘造成伤害。"

帕克将军和日本人商讨。我来到外面院子里，对着聚集的几百名战俘说："咱们就要回家了。战争已经结束了，日本人已经向我们投降了。"

战俘们听到这个消息，寂静的院子里刹那间变成了欢乐的海洋。他们互相祝贺，拥抱。所有的人，美国人，荷兰人，英国人，他们问了各式各样有关自己国家的问题。

"罗斯福真的死了吗？为什么？现在总统是谁？"

"4月13日死的。杜鲁门。"

"战争实际是从什么时候结束的？"

"8月15日。"

"英国的首相是谁？"

"丘吉尔。"

"秀兰·邓波儿死了吗？"

"没有，她还活着。"

这些问题我还能一一作答。"荷兰的威尔赫米娜女王还活着吗？" "现在不同的军衔能拿到多少钱？" 哦，上帝，我回答不上来了。我应付不了这么多问题了。早知道，我应该多涉猎一些知识。

我们还带来了电影和唱片，放映电影，播放舞曲。

18日，我们早上5:20起了床。我和拉马尔少校、行方中尉、一个卫兵还有一个翻译，一起坐火车，到西安营救温赖特将军和其他人。晚上9点钟我们到了四平街车站换火车。等车时我和铁路员工交谈了一会儿，换了一些满洲国钱和日本钱。第二天早上3点，我们到了西安，直接去了战俘集中营。战俘集中营在城东边的一个小坡上，不好找。不是日本人带路，我们找起来可能比较费劲。

温赖特将军、爱德华·金将军、摩尔将军，英国的珀西瓦尔将军，好多将军，还有总督等好多人，都被救了。

温赖特将军特别瘦，情绪不好，十分消沉。看得出，这三年他过得并不好。他总是担心被美国人民看作是卖国贼，因为当年麦克阿瑟不允许他投降。我告诉他："不会的。你还要参加日本受降仪式。"

23日，是他62岁的生日。我为他搞了一个生日晚会。在这个晚会上，温赖特将军还是不断地问我："自己会不会因为投降而成为一个卖国贼。"我明确地告诉他："不是的，你是英雄。因为你拯救了那么多人的生命。"温赖特将军对他被称为"英雄"比较迟疑。

利思说的没错，至今老兵们都对温赖特将军充满尊敬和感激，如果没有他，将有更多的生命消失。

我们完成了任务。中国人帮了我们不少忙。上帝，现在想想，一眨眼已经过了六十多年。我能再次来到这里，很幸运。

李奇在营救战俘期间，每天都写日记。后来他以日记为原本，创作出版了《营救盟军战俘》，使这一段历史增添了一份有力的佐证。

温赖特被授勋

李奇1974年退休后在一所大学教授宝石学。他的业余生活丰富多彩，夫妻俩经常一起去社区做义工，一起旅游。

李奇的太太海伦是个很可爱的女人。她很爱笑，笑起来，她脸上的皱纹都像一朵盛开的花。微笑是通行证。尽管语言不通，但她和我们一直用微笑交流着。

李奇和太太形影不离。有一次，电梯来了，好多人都走上前，有的老兵看到李奇，招呼他一起上去。李奇却一直站在门外就是不肯上。他一边婉言谢绝别人的好意，一边焦急地喊："Helen, come here."那位可爱的夫人正满脸笑容地朝这边走来。

李奇现在仍然会说汉语。但他实事求是地说，自己当时的汉语水平比现在好得多。李奇的音质很特别，这使他说起中国话来，显得声音很软，很好听。很多中国人都喜欢听他说中国话。

李奇说："这是我第三次来中国，但也许是最后一次。"他已经88岁了，身体不好，听力也不好，行动有所不便，需要在医院休息。

座谈会结束时，他说："我们都感谢中国人民的友好。中国农民曾经给我们蒸饭吃。我爱你们。我爱中国人。"说完，他很潇洒地伸出大拇指、食指和小指，摆了一个优美的爱的手语姿势。

第六章　别了，苦役和锁链

翻过去一页

1945年9月，关押在奉天战俘集中营的战俘们，陆续返回自己的家乡，继续自己的生活。

据文件记载，在奉天战俘集中营共解救撤离了1698名在押人员。其中美国高级军官280人，士兵1038人，英国、澳大利亚和荷兰等国的被俘军官和士兵共349人，其余还有香港总督、澳大利亚籍国际红十字会人员和19名外国传教士等。

这些战俘是命运的宠儿，是幸运儿。他们可以活着回到自己的国家，更多的人则留在了异国他乡，成为一名永远也回不了家的弃儿。

离开待了3年多的战俘集中营，他们心情复杂矛盾，往事历历，像一幅渗着泪水的图画，蕴藏着人世间的无数沧桑。

临别时，澳大利亚战俘坎特阿金斯作了一首诗。"别了，广袤的东北平原。别了，苦役和锁链。别了，猪食不如的饭菜。别了，恐怖的日本卫兵，别了，这一切的一切。唯有一点永远挥之不去，那就是痛苦的记忆。"

战事尘埃落定。

战争带来的伤害，总要清算清算了。就如一位巴丹老兵所说："小日本，总有一天，我们要和你们算总账。"

现在，是算总账的时候了。

最先受到清算的是山下奉文。

1944年9月，山下奉文和夫人告别时，曾给家里写了一张彩纸的字幅：

"如果时机到来，要飞回旧巢，燕子呀！"夫人回家后在彩纸上盖上了他的雅号"巨杉"的印章。

但以现在形势看来，这只燕子飞不回旧巢了。

以"美利坚合众国对山下奉文"为题的起诉书中，写着下面文字：

"日本帝国陆军大将山下奉文，在1944年10月9日至1945年9月2日期间，在马尼拉及菲律宾群岛以及其他各地，身为与美国及其盟国作战的日军司令官，对于美国国民及其盟国国民和所属领地市民，特别是菲律宾市民，任其部下进行野蛮残暴行为和其他重大犯罪。指挥官忽视了管制部下行动的义务。因此，山下奉文违犯了战争法规。"

山下奉文所犯的罪行主要集中在中国华北、新加坡、菲律宾等地，因此，对山下奉文的审判，是应中国政府和英国政府的要求。

1945年2月27日和28日，日本军队曾疯狂闯进利帕村，一次杀人就曾超过1000人。有日本兵回忆说，当时他们屠杀孩子的感觉就像杀死昆虫一样。日本兵在利帕进行的骇人听闻的大屠杀中，曾把400名菲律宾人活生生地投进一个大井里。当时，日本兵血淋淋的屠杀欲望非常强烈，其中一个日本兵竟然用一块大石头砸向一位正在梳头的菲律宾妇女的脑袋，这位妇女的命运可想而知了。另一名日本老兵回忆说，1945年2月12日，他参加了在菲律宾南部村庄卡拉巴的大屠杀行动，当时有2000人被杀。为了节约杀人成本，减少子弹浪费和步枪的损耗，他们竟然把菲律宾老人全部拉到一个教堂里，然后用绳子勒死。

这些暴行，只是冰山一角。

山下奉文企图逃脱罪行，他甚至上诉到美国总统杜鲁门那里。但所做的一切，对于一个双手沾满鲜血的人，是徒劳和无济于事的。1946年2月，麦克阿瑟对此发表如下声明："我重新研究了山下案件的诉讼程序，以便寻找某些可以减轻他的罪责的事实，但是我徒劳，我没有找到任何事实……"

1946年2月23日，山下奉文被联合国菲律宾战区司令官特别军事法庭判处绞刑。处刑记录记载：2月23日上午3时2分至上午3时27分气绝，时年六十岁。

菲律宾战场的两个关键人物之一，本间雅晴，早已被解除了职务，奉命回到日本。回国后，日本大本营不允许他按照司令官归国参见天皇的惯例前往皇宫拜见天皇，从而使他被迫退伍。

日本大本营解除本间雅晴职务的原因竟是，"作为战场上的指挥官，本间不像东京要求的那样有狠劲，在和平时期，他又对菲律宾民众过于宽大。虽经寺内劝诫，他仍继续把菲律宾人当作潜在的朋友对待，而不是把他们视为被征服的敌人。他不听幕僚的劝告，下令释放了俘虏营中所有菲律宾军人。"

远东战俘协会会徽

1945年9月，本间雅晴被引渡到菲律宾监狱，1946年4月3日被判处绞刑。

本间在等待判决的期间写了一封信给他的妻子富士子。信中说"如果确有来世，愿我们仍为夫妇。我要先去了，在彼处等你，但你决不要急于来与我相见，要尽可能在世上活得长久些，为了子女，也为了代我做我未竟之事。你要等着看到我俩的孙儿孙女，甚至看到曾孙辈。到我们在另一个世界重逢时你可将孙辈情况告诉我知。对你的一切，我唯有感谢。"

本间给孩子们的遗言中说："孩子们，不要丧失勇气！不要意志软弱！要在正道上勇往直前……如果你们走的是正路，为父会比你们给坟上送花更为高兴。不要离开正道。这是我最后一封信。"

本间雅晴和山下奉文，这一对，在中国互相接替职务的日本指挥官，最后都命丧菲律宾。这就是历史。

令人费解的是，本间雅晴的参谋长，有作战之神之称的辻政信却没有得到应有的惩罚。综合各方史料可以看出他的活动轨迹，他在1948年5月化名回到日本，1950年4月公开露面，1951年出版了个人回忆录《日军新加坡作战之回顾》，之后消失于东南亚丛林中。这样一个狂热的军国主义分子，以谜一样的方式逃脱了战后的惩罚。

50多年后，日本海军的一名老兵石田仁太郎，自己开始了调查当年菲律宾大屠杀场景的行动，他单身一人深入菲律宾边远的村庄，走访大屠杀的幸存者。无论他走到哪里，幸存者都会问这样的问题：日本人怎么会这么残忍？为什么日本人要杀害男人、女人和孩子？即使他们的上级没有命令，他们也这样残杀无辜？为什么日本人不让这些无辜逃走？

　　在日本国内，他走访了近百名当年参与屠杀的日本兵。有些日本老兵拒绝跟他交谈；有些日本老兵虽然秘密地承认那场屠杀，但从来没有向他们的妻子说出过真相；还有一些老兵后来说，与石田仁太郎交谈后，他们就经常做噩梦。

　　石田仁太郎出版了他的著作《杀人者与被杀者》（日文名），菲律宾的书名是《无耻》，内容有三个方面：菲律宾当地人的描述，他所采访的日本兵的记述以及他自己的痛苦反应。

　　另一名当年的日军随军牧师，加藤亮一在其《现在，是我们赎罪的时候》一书中披露，正是由于日本对菲律宾的残酷暴行，使得战后菲律宾的年轻人是在"彻底地反日教育中长大的，'日本人残暴冷酷，是一个野蛮的民族'的说法对菲律宾人来讲就是一种常识。"

　　随着战争的结束，越来越多的暴行浮出水面，呈现在世人面前。日本设立了300多个战俘集中营，在这些战俘集中营里，战俘们的待遇都是一样的。

　　看来，日本军国主义给世界人民带来的灾难，不仅仅体现在一个沈阳战俘集中营。这里的战俘在经受虐待的同时，世界上其他战俘集中营的战俘们也在经历着同样的遭遇。

　　那些被押到日本本土去的战俘们，被迫在日本钢铁公司等大公司所拥有的矿区、工厂、码头做苦工。原美国陆军航空兵墨菲回忆说："我们500名美国战俘在日本北部一座铜矿里做苦役，被迫做最危险最繁重的体力活。受过训的警卫与官员们用拳头、棍棒、枪柄、铁铲、铁镐等打我们，还用皮靴踢我们，常常造成伤口溃烂。管理者拼命要我们多干，却不给我们治病，也不给我们足够的食品。"

日本这样做无异于杀鸡取卵。如此一来，战俘们大都饿得皮包骨头，再也没有力气为他们做苦工了，结果众多战俘成了日本当局的沉重负担。日本人想方设法地把战俘杀掉了事。

日本士兵疯狂地屠杀美国战俘，有时是为了报复，有时是因为需要"取乐"，有时是因为给养供应困难。

在威克岛战俘营，关押着100多名美军俘虏，1943年10月7日，该岛司令长官前原少将为解决给养困难，下令将全部战俘押至海边枪毙。日本士兵用机枪扫射那些被赶到海边的战俘，那些没有断气的战俘，都被他们补上了刺刀，或用枪托砸烂了头颅。事后又把战俘们的尸体推下大海喂鲨鱼。

在马里韦莱斯，日军第65夏旅团的一个大队长下令进行规模更大的屠杀。他命令300名美菲战俘集合在一起，排成两队，他拔出军刀劈死一名排头战俘。日本士兵模仿他的做法，端着刺刀一拥而上，对毫无反抗能力的战俘疯狂劈杀。300多名美菲战俘很快就倒在血泊中，没有断气的，日本兵又接着补上几刀杀了个精光。300多名战俘一个幸存者也没有。

远东国际军事法庭判决书中指出："在太平洋战争中，屠杀俘虏，拘禁平民，病人和负伤者，医院的病人和医务人员等是很平常的事。"判决书中列举的日军在东南亚地区所进行的大规模屠杀事件就有109起之多。

据调查，自1942年4月至1945年8月间，日本屠杀美军战俘事件达14起之多，使美国战俘血流成河。

为此，美国政府曾通过中立国瑞士向日本政府提出强烈抗议，并在抗议书中列举了这些暴行。最后写道："日本武装部队这种野蛮的行为，是对全世界人民的犯罪。日本政府不能逃脱对这一系列罪行负责的惩罚。美国政府要求你们对所有参与杀害战俘的指挥官予以严惩。美国政府期待着日本政府的通知，声明对他们的惩罚已经得到执行。美国政府并且要求日本政府采取必要的措施，防止这种罪行的再次发生，并向美国政府保证：决不再对在日本拘禁中的美国战俘实施暴行。"

1945年6月3日，瑞士驻日公使亲自将这份抗议书交给日本外务省东乡外相，一个月后，日本外务省才答复说："日本外务省将立即进行调查。"

实际上，一直到投降，日本也没有就此事给予美国任何答复。

1946年2月16日，中、美、英、苏、法、加、新、澳、荷、印和菲律宾11个国家的11名法官组成了远东国际军事法庭，对日本的甲级战犯进行了审判。中国派出的法官是当时中国政府立法院外交委员会代理主席梅汝璈。

远东国际军事法庭判决日本在第二次世界大战中犯有三罪：破坏和平罪、战争罪、违反人道罪。其中，违反人道罪包括：大屠杀、狂轰滥炸、慰安妇、奴役劳工、毒气战、细菌战、经济犯、思想犯、狼狗圈、并大屯、武装移民开拓团等等几十种罪行。

1948年11月12日，远东国际军事法庭对东条英机等7人宣判死刑，并决定不追究天皇裕仁的战争责任。据统计，中国、荷兰、英国、澳大利亚、美国、法国、菲律宾等国49所军事法庭共判处日本战犯死刑984名（执行了920名），无期徒刑475名，有期徒刑2944名。

1945年10月8日到1949年10月19日，美国用4年的时间，先后在横滨、上海、马尼拉、关岛等地区设立军事法庭，对日本的乙级战犯和丙级战犯进行了审判，而以虐待战俘罪名起诉的案件就有718起。

1946年初，美国中国战区参谋长兼驻华美军总司令魏德迈将军奉命在中国上海组建美军军事法庭。奉天战俘集中营的日本军官们得到了历史的审判。

1946年3月，奉天战俘集中营主任三木遂，被判处有期徒刑25年。9月，松田大佐被判处有期徒刑7年，看守野田，在横滨被判处20年徒刑。次年2月，桑岛恕一被判处绞刑。

但，事实上，日本的战争责任远远没有得到彻底的清算。

战争结束后，在奉天的日本俘虏有三怕，怕他们从前的战俘美国人，怕苏联人，怕被他们奴役了14年的中国人。

美国战俘，没有对他们采取报复性的行动。苏联人，倒是日本人真正害怕的对象。有的战俘看到,那些可怜的日本人,整天畏畏缩缩地蹲在马路旁摆地摊,出售自己的衣服用品。如果这些物品被苏军看上眼,他们拿了东西就走,也不给钱。日本人不敢吭声,眼瞅着苏军大摇大摆而去,自认倒霉。苏联人,也大张旗鼓地把日本人在东北建设的庞大工业全都运回了苏联。据美国国

战俘老兵皮塔克(左二)在战俘集中营的照片(张一波供)

务院的调查,"估计在苏军占领期间,东北工业蒙受损失约达二十亿美元。"

　　蒙受了日本14年侵略的中华民族在对待日本人民的问题上,表现出了超人的宽容。中华民族的宽容,对日本人民的友好等诸多事例信手即可拈来,这些都让人落泪,让人感动,更让人刻骨地铭记!战后,中国普通民众无私地照顾着日本遗孤。在辽宁918博物馆,有一块感谢中国养父母碑,上面的碑文翔实地记录了事件的来龙去脉。

　　战后,中国政府于1945年11月9日开始遣返日侨日俘,至1946年7月遣返完毕,共遣返了2129826人,此后仍有少量人员陆续回日本。这其中包括有名的葫芦岛百万侨民大遣返。

　　2006年葫芦岛大遣返60周年的纪念活动上,日本前首相村山富士表示:"对很多人来说,60年前的大遣返还是一段鲜为人知的历史。战争结束第二年,中国人民战争创伤未愈,对日本侨民表现出了伟大的人道主义精神,我的感激之情,难以言表。"

　　1945年11月6日,中国国民政府成立了"战争罪犯处理委员会",隶属国防部,对日本战犯进行逮捕、拘押和引渡。从1945年12月16日到1946年5月1日,先后在北平、沈阳、南京、广州、济南、汉口、太原、上海、徐州、台北10个城市共设立了10个专门审判乙级和丙级战犯的军事法庭。

　　据国防部审判战犯法庭庭长石美瑜公布的数字,到1949年年初,中国10

所军事法庭共判处日本战犯死刑145名,有期及无期徒刑300名。

日本茶园义男在他的著作《日本BC级战犯资料》中说,截止到1949年1月,中国10所军事法庭区判处日本战犯,死刑148人,无期徒刑81人,有期徒刑229人,无罪释放59人。

这些人当中,神保信彦被获得保释。原来,战时,神保信彦挽救了后来成为菲律宾总统的罗哈斯。神保信彦是个天主教徒,在占领菲律宾后,和他的司令长官生田寅雄将军拒绝了屠杀战俘的命令。战争结束后,神保信彦在山东济南受降,1946年8月,菲律宾第一任总统曼努埃尔·罗哈斯写信给蒋介石请求赦免。第二年,神保获释回到日本,定居东京,并出版了《菲律宾的黎明》一书……

日本与美国这对老相识,在第二次世界大战后,以战败国和战胜国的身份又走到一起,开始了协作。1951年9月,美国与日本签订片面的《旧金山和约》。日本虐待美国战俘的历史史实,一度成了两国的禁区。

美国历史学家亨特指出:"美国在《旧金山和约》中之所以置日本的战争暴行于不顾,完全抛弃了在审视日本战争赔偿问题时起码应具有的道德义务,让日本免于战争赔偿,完全是基于冷战的政治和战略考虑。"

一切似乎都沉寂了。盟军战俘集中营事件也随着错综复杂的国际形势沉入史海。美国人过美国人的生活,英国人过英国人的生活,荷兰人过荷兰人的生活,澳大利亚人过澳大利亚人的生活,中国人也过起了自己的生活。

历史,使人们对许多往事难以忘怀的同时,又让人们陷入深沉的思考。

从奉天战俘集中营解救后,罗伊·韦弗回到家乡做了文职工作。1950年他又一次参军,还是回到了他最爱的海军陆战队。

1953年,他随海军陆战队进驻日本,并在那里待了一年。韦弗说:"大战的时候,父辈不喜欢日本人,日本的民众战后也不是太理美国军人。"

到日本去,他的心里有点不安。但他"感觉到大战过去了,自己生存了,回到美国生活了,自己也算是胜利了。事情慢慢过去,如果沉浸在痛苦的回忆中,如果自己不断地痛恨别人的话,对自己也是一种伤害。"

"我觉得，没必要讨厌一个你不喜欢的人。我在慢慢抚平伤口，尝试原谅人家。"

历史浮出水面

历史能够翻回这一页，应该感谢这些老兵。是他们，回到自己的国家后，以日记、绘画、诗歌和专著等不同的方式，记录着这段历史。

约瑟夫·皮塔克 1991 年出版了 *Never Plan Tomorrow: The Saga of the Bataan Death March and Battle of Corregidor Survivors, 1942–1945*。正是他，揭开了中国学者对战俘集中营研究的序幕。

有的战俘回国后，难以面对耻辱，性情变得古怪，不愿意多提往事。简尼丝·可涵的父亲是 677 号战俘，跟其他战俘有些不同的是，她的父亲在 1938 年经济大萧条时期失去了工作，为生计，应征入伍，后成为战俘来到中国。

在简尼丝·可涵的记忆中，父亲回到美国后，变得非常沮丧，也变得经常容易生气，生活看起来非常困难，很难与家人沟通。

但他不常提起他在中国遭受的折磨，只是跟同时在战俘集中营的人还保持联系。

1983 年，在奉天战俘集中营幸存的美国老兵们，以奉天为名组织了"奉天幸存者战俘协会"。协会每年 9 月或者 10 月在华盛顿聚会一次，以纪念死难的战友，再续患难与共的友谊。

英国战俘也组织了一个名为"沈阳人"的联谊会，后来因为成员年龄已高，就不再举行活动了。

美国大华府日本侵略史学会副会长王鄂，多次组织美国老兵到中国沈阳回访。王鄂先生说："他们之间的感情不是普普通通的友谊。这么多年他们一直都维持下来了，跟我们现代人的友情完全不一样。我是在外面看，因为我没有在战俘集中营待过。我是通过与他们的交流和接触，觉得他们之间的感情一直都还在，这么多年一直都有。当初那段时间，虽然三年很短，但他们是共生共死，共度患难，是生死之交。他们很愿意在一起。"

一些纪念活动方兴未艾。菲律宾政府将每年的4月9日设为巴丹日，以纪念"二战"中阵亡的战士。

一些美国新墨西哥州的陆军后备军官训练队军官和学员，从1987年开始，就决定用他们自己的方式纪念那段历史，重新体验那次巴丹行军。

有的军人说："想通过这样的方式学习那段历史。"

有的军人说："不敢相信他们在那次死亡旅程中所承受的一切，被这些老兵们的牺牲精神深深地感动了。"

有一位女军人说："很喜欢有这么一个机会来纪念巴丹半岛的士兵。"

在中国，这段历史，如过眼烟云，没有人去在意，就如同被封存一样。但一些老兵也曾试图寻找过他们的朋友，昔日的中国工友。

19世纪70年代，中美关系改善后，凯尼斯·特沃瑞给当时的美国驻华大使布什写信寻求帮助。这位曾经在二战中差点被日本人俘虏，成为其下酒菜的大使没有回信，使特沃瑞未能如愿。特沃瑞说："当时，我想找到中国朋友的心愿依然还只能是一个梦想而已。"

据一直在沈阳青光街居住的老居民讲，有两个美国老兵曾经在20世纪80年代到过这里，还带着一个翻译。他们下了车就拿着相机这儿照，那儿照。但是那时的人们根本没有心思去管那么多事，只是因好奇而稍加留意，之后作为一个茶余饭后的话题而已。

一晃，时间到了1993年。

一天下午，美国驻沈阳总领事馆收到一封邮件，邮件来自美国德克萨斯州的约瑟夫·皮塔克，邮件中有一本书和一封信。信中说，他是二战时期美国第22通信团的老兵，在太平洋战争的巴丹战役中被日本军队俘虏，1942年至1945年被关押在"奉天战俘集中营"，所经受的痛苦经历他至今难忘。他致信的目的主要是想通过领事馆查询，奉天战俘集中营是不是还在？近况如何？

美国驻沈阳总领事馆对这件事非常重视，他们积极与辽宁省和沈阳市的有关部门联系，但都没有结果。最后信落到了杨竞手里。杨竞，时任总领事助理，在沈阳土生土长的他，从来没听说过当地有这个战俘集中营。他到省市档案馆查询时，这段历史也是空白。

杨竞没有放弃。他根据皮塔克提供的诸多细节寻踪觅迹，1994年初，终于找到了前身为"满洲工作机械株式会社"的沈阳中捷友谊厂。这里是当年战俘们劳动的主要场所，现在已经成为中捷友谊厂的宿舍区。

沈阳"二战"盟军战俘集中营，揭开了冰山一角。但是，这段历史还是一如既往地沉寂着，鲜为人知。

沈阳二战盟军战俘集中营，从发现到认识再到挖掘到保护，这是一个漫长的过程。这里面有太多人的努力，太多人的付出，太多人的艰辛。这其中，九一八战争研究会会长张一波教授是当之无愧的先驱。为此，他倾注了后半生的精力。

张一波，辽宁省委党校教授，现离休。他13岁参加八路军，是山东省泰安市抗日英烈张传伦之子，一个老抗日战士。1998年筹备成立了辽宁省教育史志学会九一八战争研究会。

张一波认为，只要是揭露日军罪行、遏制军国主义复活的事情，都是九一八战争研究会分内的事。他向来不遗余力地为之奔走呼吁。在中国民间受害者对日索赔的初期，张一波家成了受害者索赔咨询的大后方。

1998年，沈阳中捷友谊厂工程师邓永泉写信给张一波。信中说他1955年住过的单身宿舍，"宿舍房间很暗，窗户很窄，必须借助手电筒，刚住进去时，窗户还罩有铁栏杆，墙壁很坚硬，当时我就觉得这宿舍的结构很奇怪……后来听老工人说，这里在20世纪40年代曾关押过上千名'二战'美军战俘……"信中还向张一波建议，应当发动美国战俘开启对日索赔。

敏锐的历史嗅觉告诉张一波，这是一个大课题。他非常兴奋。

他认为这是日本侵华的铁证。历史事件中如南京大屠杀被日本否定，如果美军战俘集中营公之于世，日本人断不敢否定。他认为这件事有利于中美关系

王鄂在发表演讲

升温，有利于中日关系改善，有利于两岸统一。

于是他投入了全部的精力，开始了二战盟军战俘集中营的研究、挖掘和呼吁。

由于媒体经常报道张一波和沈阳二战盟军战俘集中营的活动，2003年，素不相识的杨竞也到辽宁省委党校找到了张一波。他告诉张一波，他要找一位叫高德纯的见证人，但没有找到。张一波不顾年迈，与杨竞四处奔波寻找，最终找到了高德纯的儿子。

沈阳二战盟军战俘集中营面临的最主要的问题是资料的缺失，张一波说："当年日本投降的时候，销毁了大量的文件，一天到晚，不停地烧毁。"

当年，在满洲工作机械株式会社做工的李立水也清楚地记得，当年日本人在工厂里一直不停地烧资料，工厂里整天烟雾腾腾。

档案的缺失，成了中国学者心中永远无法弥补的伤痕。

张一波能做到的第一件事，是挂着拐棍，经常到大东区青光街战俘集中营旧址附近的居民中进行走访，大海捞针似的寻找见证人。

第二件事，是呼吁保护战俘集中营旧址和当年战俘们的劳役区，建立沈阳二战盟军战俘集中营旧址纪念馆。他有三个途径，一是通过媒体，让越来越多的人认识到战俘集中营的存在和意义；二是通过向时任沈阳市市长的陈政高写信、向政府机关及各相关部门发邮件，呼吁引起相关部门的重视；三是发挥人大代表和政协委员的参政议政职能，委托他们向"两会"提案。

第三件事，是与国外，尤其是美国的历史学家联系，争取得到翔实的资料和当年老兵们的口述，更主要的是和美国的社会团体吴天威、王恭立、王鄂、陈嘉定等人联系，一起促成了战俘老兵60多年后的多次回访。期间，他还不顾年事已高，亲自带队到美国搞了两次日本侵华图片展、盟军集中营旧址图片展。

第六章　别了，苦役和锁链

2001年9月7日，沈阳晚报记者罗学敏报道沈阳发现二战时期英美战俘集中营。

2003年7月3日，张一波与美国大华府日本侵略史学会会长王恭立博士联名向沈阳市市长陈政高写信建言，建立二战期间沈阳盟军战俘集中营旧址纪念馆。

和美国方面，张一波竭尽全力倾其所有的和老朋友联系，努力将战俘集中营推到美国公众的面前。他每天都要进行电子邮件往来，每天都要打好多国际长途电话。

美国南伊利诺伊大学历史系教授吴天威就是其中一个。他是美国最早参与战俘集中营研究的一支力量。

从1988年，吴天威教授就和张一波教授在各种场合的对日索赔会议上认识并交往，他们保持了多年的友谊。因此，当吴天威从张一波这里第一时间了解到战俘集中营时，便投入到了其研究中。

吴天威，美籍华人，原籍沈阳，1945年毕业于金陵大学历史系，1952年赴美留学，任南伊利诺伊大学历史系教授。他长期从事日本战争罪行研究，并在美国创立了日本侵华研究学会，创办了《日本侵华研究》刊物，建立了日本侵华浩劫纪念馆。

1998年，吴天威要在美国成立日本侵华浩劫纪念馆。他回到了沈阳，邀请张一波等5人作为辽宁地区的发起人。吴天威之所以在美国建立纪念馆，是因为中国人受到日本杀害、奴役和凌辱的历史，海外没有完整的记录和展览。

这次来沈阳，吴天威教授和自己的助手熊玮博士一起。熊玮从小受的是西洋教育，11岁才知道日本侵略中国的历史。接触到吴天威后，才真正认识到中日战争的历史史实。

吴天威到达沈阳的第二天，张一波教授就陪同他们一起参观了沈阳二战盟军战俘集中营遗址。参观的时候，吴天威对保存完好的战俘集中营部分房舍和工作车间十分感兴趣。他在青光街周边走访了一些居民，到中捷友谊厂了解了详细情况，并不停地拍摄照片。

吴天威说:"对于盟军战俘在日军战俘集中营所受的非人待遇,及日本在'二战'中对世界人民犯下的灭绝人性的战争罪行,美国人民还不是很了解。几年前,美国一个最重要的博物馆举办一个展览,竟称日本是'二战'的受害者。如今这一遗址的发现和公开,对于美国人民认识日本的战争罪行具有重要意义。"

随后两年,吴天威教授向他的同学李荛(辽宁原省委书记)、李涛(沈阳市原市委书记)建议沈阳要重视美军战俘集中营研究。

2003年9月13日,在北京大学召开的二战战争遗留问题国际学术研讨会上,吴天威首次公开了,他的夫人美国学者孙英哲编著的《沈阳盟军战俘营》大画册,其中画册中"沈阳战俘集中营"平面图的西南角,明显标识有"焚化炉"。当时,尽管吴天威、孙英哲认为存在焚化炉,但没能找到实物。

2004年2月16日,吴天威获得美国退伍军人协会颁发的"终生社区服务奖",以表彰他在历史研究方面对社区所作的贡献。

2005年,吴天威去世,离开了他奋斗未竟的事业。此时,沈阳二战盟军战俘集中营的保护已经纳入政府决策,确定要在旧址建立一座纪念馆。

他走后,在美国加利福尼亚建立的"日本侵华浩劫纪念馆"由熊玮博士接任。

2002年,美国大华府日本侵略史学会也加入到了这项事业中。该学会是一个民间学术团体,旨在揭示日本在二战中所犯下的罪行。会长王恭立博士,1925年出生于中国北戴河,1954年成为美国公民,1982年退休后,参与社会工作。

王恭立是一位活跃的社会活动家。他1973年创办美华协会,下属有80个公会及支部,总部在华盛顿。目的是维护华裔美国公民和永久居民应享的权利,策划和推动有关华裔及其他亚裔民族权益的议案。2008年,他获得了美华协会的"先驱奖"。

王恭立还是百人会的理事。1990年,以贝聿铭、李政道、马友友为首的一些在美国的华裔名人成立了一个"百人会",团体的宗旨是做中美人民的桥梁和扶助在美华人利益。

1983年，王恭立等人发动几千华人上街游行，抗议日本篡改侵华历史。此后，他的生活就多了一项使命，揭露日本战争罪行。2000年11月，王恭立在华盛顿主持了世界抗日战争史实维护联合会第四届学术年会，着重研讨了日本发动的侵略战争在战后遗留下来的诸多问题。

美国大华府日本侵略史学会参与战俘集中营之事，偶然中带着必然。那是1992年，日本天皇访问美国，他告之世人，他是为和平而来，但是他对日本政府在第二次世界大战中对中国造成的所有伤害却一个字也没提。

协会副会长王鄂亲自组织华人游行、抗议，让日本正视它在中国所犯下的战争罪责。华盛顿的退伍军人从电视上看到了他们的游行抗议，就这样，共同抗议日本的正义活动把王鄂和退伍军人们紧紧地联系在了一起。

慢慢地，王鄂知道，美国退伍军人在战后成立了退伍军人协会，同时还有一个奉天战俘营协会。这个战俘营协会里的所有成员都是在奉天战俘集中营待过的老兵。随后，王鄂认识了几个在奉天待过的老兵，这也是他第一次跟老兵接触。

王鄂第一个接触的被关押在沈阳的战俘老兵是奥利弗·艾伦。艾伦对自己的事情很健谈，还围绕自己的经历写了一本书。

在此之前，王鄂对那段历史一无所知。他根本不知道这些老兵是在沈阳被日军关押过的战俘，更不知道当年在沈阳战俘集中营里发生了什么。

奉天战俘营协会每年都要召开年会，每年的年会上，王鄂必是会上不可缺少的人。

和老兵们接触的次数越多，王鄂对这段历史了解得越深，王鄂的心就揪得越来越紧，因为他不知道，这个战俘集中营在沈阳还存不存在。

事情的转折缘于2001年9月的年会。这已是奉天战俘营协会的第18年了。老兵们接受了陆海空三军仪仗队的礼遇，德克萨斯州的两位众议员也来参加聚会，以表示他们对老兵们的敬意。

9月29日星期六，美国大华府日本侵略史学会邀请了12位经历"死亡行军"的战俘幸存者和解救他们的海尔·利思前来做客。这些老兵们都说："我们不能容忍任何反人道的行为存在。"

这次年会上，文汇报记者慈慧航对王鄂做了采访，并随后发表在文汇报上。

这篇文章很巧合地被张一波教授看到了。迂回曲折，张一波和王鄂取得了联络。王鄂也因此知道了沈阳也有一个组织——九一八战争研究会在关注和呼吁美军战俘集中营的事，知道了同道中人张一波、杨竞。

几条平行线有了一个交汇点，而这个点就是美军战俘这个特殊的群体。

2002年9月13日，初秋的沈阳，迎来了一个特殊的客人——大华府日本侵略史学会副会长王鄂。他开始了为期5天的探索之旅，这个旅程相当丰富和充实。这次，他是带着任务来的。

他要好好看一看，这个老兵们心心相系的战俘集中营到底是怎么一回事。前期投入很多工作的九一八战争研究会会长张一波陪同他，一起参观了旧址。

王鄂先来到了中捷友谊厂。这个工厂有些历史。日本投降后，它成为国民党的一个军工厂。沈阳解放后，它更名为沈阳市第二机床厂。1964年，中国与捷克互通友谊，它再次更名为中捷友谊厂，现名为中捷机床有限公司。

公司工会主席把老工人李立水和张连福请到会议室，让他们介绍了当年跟战俘一起劳动的主要情况。"劳役区"原满洲工作机械株式会社，即现中捷机床有限公司部分厂区。"宿舍区"即为现在的大东区青光街部分地区。

在中捷机床有限公司的厂史宣传板前，王鄂用笔记下了一些资料。中捷机床有限公司内的三间厂房当时是盟军战俘的"劳役区"，原来厂房四角设立的炮楼已经被拆除。车间内部的木架已经换作铁架，立柱、横梁还是保持着原貌。

王鄂一边看一边连声说："不得了，不得了！"他用相机拍摄下遗址的每个角落，"健在的盟军战俘谈到这段经历，都很伤心。他们委托我一定要多带回一些资料，想再看看沈阳！"

王鄂来到大东区青光街的战俘集中营旧址，战俘集中营能基本保持原貌的现在只剩一栋宿舍。这栋宿舍的墙壁非常厚，窗户非常小，大约有20个房间。房间的面积在十二三平方米左右，当年里面铺着通铺大炕，可以住15名盟军战俘。整个宿舍外的3米高墙上还有铁丝网。

还有一栋建筑，是日本兵居住的宿舍和医务室，现在已经变成中捷机床有限公司的养老院。水塔和烟囱，是样貌保留最好的两栋建筑。围墙有的地方有残存，有的地方已经被彻底扒掉。

令王鄂意外的是，在仅剩的这栋营房里仍然蜗居着很多居民。他们还充分发挥自己的创造力，将房屋改造成尽可能多人居住的格子间。一栋二层楼的营房里，竟然住了好几百人。

5天的时间，王鄂不知疲倦地探寻，走访，力图使自己对战俘营有一个立体的认识。他来了以后，这才明了，沈阳的确是有这样的地方，想不到，如此繁华平静之处，竟然隐藏着这样厚重的历史。这种认知跟他在美国听战俘们讲述是不一样的。他很庆幸自己能够亲自来看一看，走一走。

王鄂告诉沈阳的人们，不少战俘老兵都愿意回到沈阳，看一看战俘集中营旧址，看一看当时共患难的中国工友。

第七章　老兵回访

沈阳，我回来了

2003年5月30日，美国前战俘老兵第一次要来沈阳进行回访的前夕，沈阳市外事办公室领事专家处提交给领导一份报告《沈阳市关于"二战"盟军战俘集中营原址的调查报告》，报告中说：

盟军战俘集中营原址位于中捷机床有限公司院内和大东区青光街7号及附近地区（中捷机床有限公司职工宿舍）。现存遗址有当年的劳役区、营房、医务所、日军看守人员住所、围墙（局部）等部分。

美国日本侵略史学会、美军战俘集中营"奉天联谊会"、九一八战争研究会等民间组织曾通过文化局向政府提出对盟军战俘营遗址进行抢救性保护，而且美国国内一些当年的战俘及后代也有此愿望。现在原盟军战俘集中营劳役区为中捷机床有限公司的生产车间，虽然局部有改造，但大部分仍保持原貌。其他遗迹由于年代久远，破损严重，又是二层高的建筑，都面临城市改造、拆除的问题。

据中捷机床有限公司接待人员反映，美国驻沈阳领事馆曾去电话要求到中捷机床有限公司寻访遗址。

2003年9月15日至21日，3名前战俘老兵战后第一次来到沈阳，开始了他们不同寻常的回访之路。

4年之后的2007年5月20日晚，沈阳又迎来了一批特殊的客人，他们就是60年前被俘到沈阳的前战俘，曾经在这块土地上无比艰难地生活了3年的老兵。如今昔日的毛头小伙子已成了耄耋老人，不变的是他们对这片故地的热爱

第七章　老兵回访

和期盼。

他们当中，有的是第三次来沈阳，有的是第一次。这一场聚会，因无情战争而诞生，又因生死情谊而延续。

就如2002年6月13日，美国驻沈阳总领事馆领事康楠给奉天战俘协会会长罗德里克斯一封信中说的那样：

已经拆除的中捷友谊厂

"从我的一位前任那里，我了解到（美）幸存者'奉天联谊会'组织的存在。我们在中国的任务就是加强中美两国人民之间的相互了解，其方法之一就是通过强调两国的共同利益和经历。我相信，你父亲以及其他在'二战'期间被日本关押在沈阳的美军战俘的苦难经历及战俘集中营遗址的存在，为我们提供了这种机会。

"我相信这些活动不仅是对奉天幸存者们为争取自由付出的奉献给予承认，也是对中美两国共同经历的积极层面向中国人民的有益回顾。"

相比于2003年、2005年和2008年，2007年老兵回访是人数最多的一次。他们是104号仁道·爱德华兹、190号罗伯·布朗、229号罗伯特·沃尔佛·伯格、277号尔温·珀森、362号奥利弗·艾伦、552号拉菲尔·格里菲思、578号约翰·利帕德、610号罗伊·韦弗、1066号韦恩·米勒及当年跳伞进行解救的海尔·利思。还有永远也回不了家的战俘的妻女和妹妹，萨莉·波洛拉，罗斯玛丽·查维斯和理查德·查维斯，安·拉姆金。

这些老兵非常看重他们的这次回访，有的是带着自己的妻子和孩子，有的是独身一人，有的是带着自己的侄儿。他们都太想让自己的亲人看一看他们生命中曾经待过3年的地方。

原本以为，已进入暮年的战俘老兵，经历岁月沧桑之后，已有不以物喜不以己悲的大喜大悲之情绪。但，一走进战俘集中营，一看到这些曾经熟悉的环境和物品，他们还是被情绪左右了。

拥挤的人群中，约翰·利帕德仔细地寻找着战俘集中营纪念馆内墙上的战俘名单，当他发现编号"578"时，心情一下子复杂起来。他声音低沉地说："这个编号伴随我三年的屈辱生涯，我一辈子都不会忘记。"这次前来，他胸前的标牌也是这个号码。

他们每个人的胸前都戴着一个标有姓名和战俘编号的牌子。这个曾经引以为耻的号码，在他们回国后，却成为一份珍贵而美好的回忆。许多老兵的身份证甚至汽车牌照上都有POW的标注，有的老兵干脆用这个号码做自家的门牌号。

人声嘈杂的陈列室里，59岁的珮·萨得乐激动的喊声引起了人们的侧目。原来，她是一名战俘的后代。她的父亲格兰·斯特瓦特(战俘号840号)2004年去世时，最大的愿望就是希望能够重新回到战俘集中营看一看。这次她代表已过世的父亲前来，没想到，刚进入陈列室，就意外地在一张老兵合影中发现了父亲的身影。

珮·萨得乐指着黑白照片上一个模糊的人影泣不成声。她激动地说不出别的话，一个劲儿地重复着说："这是我父亲。"

"这是我父亲。我确信。"

萨得乐又来到走廊里的战俘名册前，仔细地寻找着父亲的名字。她如愿以偿。在父亲的名字前，她留下一张合影。

参观结束后很长一段时间，珮·萨得乐的情绪都没有恢复。直到来到阳光充裕的陈列室外，那些前来参观的上了年纪的妇女主动跟她打起招呼，萨得乐揉着红红的眼睛，露出了笑容。她跟她们握手，跟她们交谈。因为语言不通，可忙坏了萨得乐抓来救急的16岁美籍华裔男孩余凉。

崔维思·英格勒的外祖父是502号战俘，这是他第一次来沈阳。尽管外祖父时常对他讲起自己的遭遇，但如果不是亲眼看了这些地方，英格勒内心的震撼不会如此强烈。"来到这儿，我非常震惊。我的外祖父，那么年轻，那么充满活力，却要在这个地方这种环境下度过三年。感谢上帝，我荣幸地来到这儿。我比任何时候都能理解外祖父回首往事时的愤怒了。"

第七章 老兵回访

走进战俘集中营营房，里面虽然开了灯，但仍然很昏暗，像极了此时老兵们的心情。整个大厅里摆放着数十张双层木床。

仁道·爱德华兹，是战后第一次到沈阳来。他很快就找到了自己的铺位，并在上面坐了下来，他激动地说："以前我住在上层，后来又来人了，我只能搬到下层。下面这层就相当于二等舱，经常有蟑螂来回爬。我们住在这里，就像监狱一样，每天都有日本看守查点人数。"

仁道·爱德华兹是美国海军的通讯兵，一生荣获40多枚勋章，现已退休。退休后他就读于迈阿密大学并取得了学士学位，后在田纳西州的原子能发电厂从事研究工作。

552号战俘老兵拉菲尔·格里菲思捐赠给战俘集中营纪念馆的奖章

冷得可怕，是所有战俘对沈阳的第一印象。然而随着战俘生活的开始，他们更多地感受到了比冷更加可怕的饥饿和刑罚，还有近在咫尺的战友们的死去。

罗伯特·沃尔佛·伯格非常幽默地说："这是我第二次来到中国，显然，这一次要比上次来的时候情况好得多。"他这次带着妻子佛洛伦丝·沃尔佛·伯格和儿子罗伯特·沃尔佛·伯格一起前来。

他不无感慨地说："那个时候零下三四十度，屋子里冷得要命，很多战友都生病死了。现在却很温暖。"

拉菲尔·格里菲思说："60年后，我是第一次来沈阳。我很庆幸我还能回来。"他这次和77岁的妻子玛丽·格里菲思一起，回来看看这个他生活过三年的地方。

"你不知道，我们能活着到达沈阳是多么幸运。我们住在黑暗的底舱里，25天只吃了1碗饭，喝了一点点水。我曾经11天什么也没吃，因为我被腹泻折磨得吃不下任何东西。所有人都拉肚子，大部分人都晕船。底舱里挤满了

老兵们济济一堂

人，而且还有老鼠。"

格里菲思回国后在家乡汉尼拔的钢铁公司工作，几年后，他搬到了印第安纳州，并在那里结婚生活，退休后又回到家乡安度晚年。

再一次回到这里的老兵们，很庆幸自己当初可以活着回家，又很庆幸自己能够在有生之年重回故地缅怀。他们在庆幸的同时，也更加怀念那些逝去战友们的生命。

中午临近，老兵们顶着5月的骄阳，为死亡的战友举行了隆重的追思和哀悼仪式。低沉的乐曲回荡在上空，诉说着他们不尽的哀伤，此时，暖暖的阳光却无法驱走他们心底的寒意。

85岁的尔温·珀森在仪式上单膝跪地，向死去的战友行着宗教式的怀念。这一次他来，是带着自己的妻子雪莉·珀森一起来的。

"他很厉害，经常打人。"尔温·珀森指着陈列馆内日本看守"公牛"的照片说，"回到这里，让人回忆起很多，感受到很多。"

"他死了，他死了。我却站在这里。"罗伯特·布朗在战友的图片前，用手指着自己说："我很幸运。"

老兵和家属们还向正在筹建的沈阳二战盟军战俘集中营纪念馆捐赠了很多珍贵的史料和文物。61岁的阮·帕森斯向纪念馆捐赠了自己父亲当年在战俘集中营穿过的一套军装。他父亲是1846号约翰·帕森斯。

萨莉·波洛拉向纪念馆捐赠了照片和回忆录，还有写着"满洲工作机械株式会社"的工牌。

仁道·爱德华兹捐赠了一盘磁带，一张DVD和许多珍藏多年的照片。

拉菲尔·格里菲思捐献了他早期佩戴的552号号码牌、自己的一套军服和一枚战俘勋章。

第七章　老兵回访

其实，每一件物品，对老兵们而言都是难舍的情结。但这些老兵或者家属都有一个共同的心愿：希望有更多的物品能够帮助人们不要忘记这段历史，不要让这样的悲剧再一次重演。

老兵们前往下一个参观点辽宁宾馆的途中，路过中捷机床有限公司。那里已经是一片忙碌的拆迁景象了。

兰德尔·爱德华兹在发表演说

这是老兵们唯一的遗憾，曾经奴役他们进行劳作的厂所不复存在。

奥利弗·艾伦坐在车上，回忆起2003年他们第一次到中捷机床有限公司的情景。那一年，他是和罗伯特·罗森达尔、海尔·利思3个人一起带着各自的太太来的。

一进入厂区，艾伦和罗森达尔有些激动。60年了，竟还似曾相识。错不了，就是这里！厂房轮廓依旧在，只是油漆的颜色改了。工厂车间有些设备，比如头顶上的轮送车就是当年的。厨房与餐厅呢？早拆了！

罗森达尔说，他恨这个工厂，就像他恨这个度过了3年时光的日本战俘集中营。妻子比蒂·罗森达尔问他："你是不是要拍照？"

"我不想拍照。"罗森达尔坚决而大声地说，"我为什么要拍照？为了试图忘记这儿，我已经花了59年的时间。"

他停顿了一下，看着妻子，自嘲地笑了，举起了相机将这个试图忘记的地方再一次留在镜头里。

他们又来到了战俘集中营营房，仅仅花了一分钟，他们就认出了这个记忆中的战俘集中营。尽管现在已被改造成别人居住的房屋，但变化不大。

罗森达尔问："你认识这里吗？"

艾伦回答，"不是这台电视。"

两人大笑起来。

战俘集中营的旧址上覆盖了薄薄的一层水。罗森达尔从墙角一堆旧砖头中挖出一块与众不同的灰白砖，把它递给了艾伦。

"对！就是这种砖块，当年整个建筑都是用它造成的。"艾伦毫不犹豫地说。

面对破旧生锈的营房铁门，两位老兵异口同声地说："这个门还是当年的，没变。"

"防止逃亡的围墙没有了，岗哨亭被雷击烧掉了，锅炉站还在，不过这个锅炉好像换过了……"两个人边走边交流。

艾伦没想到的是，4年后再来，他们的劳役区即后来的中捷机床有限公司的厂房已经全部拆掉了。他说："这儿拆掉有些意外，更有些遗憾。幸运的是，我第一次来时，它还在，算是了却了我的一个心愿。"

遗憾的不止他一个人。坐在车上的苏珊·卡伊面对拆迁的厂区，遗憾地说："我再也看不到爸爸工作过的工厂了，再也看不见了……"她说话的声音越来越低，似喃喃自语。

原来，苏珊的父亲良雄·卡伊曾经是满洲工作机械株式会社的工程师，因通晓英语，为日本人作翻译，负责协助管理战俘。不过，他人很好，对战俘也很友好和善，甚至还暗中帮助过他们。老兵们对他的印象都不错。良雄·卡伊回到美国后，还经常参加老兵们的聚会。

2003年，苏珊的哥哥肯尼斯·卡伊来到沈阳。肯尼斯当年在沈阳出生，战争结束后，5岁的他跟随父母一起回了美国。这一次来沈阳，他除了参加访问团的活动，还到中国医科大学作了一次牙齿矫正方面的专业演讲。

肯尼斯请求中国医科大学的牙科医师冯翠娟与赵震锦帮助他寻找自己当年在沈阳的出生地。两位医生根据肯尼斯带来的当年日本方面制作的沈阳地图，第二天就找到了地方。原来就在离下榻宾馆旁边的中山公园不远处。虽然当地房屋已经拆迁重建，不复当年，但总算了却了肯尼斯的一个愿望。

苏珊跟哥哥的情况不一样，她战后在夏威夷出生，一直在找机会来一次沈阳，亲眼看看父亲工作过的工厂。有了哥哥的成功回访，苏珊才挑了这个时间，特意来沈阳看一看。

她的眼神无限幽怨，声音有些哽咽地说："我要是能早一点来就好了。这是我的遗憾，一辈子的遗憾。"

车子驶出了好远，她还在不停地回望……

2007年5月22日下午，沈阳大学1号教学楼前的广场上，老兵罗伯特·布朗、奥里佛·艾伦、罗依·韦弗以及营救队员海尔·利思等人，为"沈阳大学奉天盟军战俘集中营研究室"揭了牌，其他战俘老兵的后人及亲属共16人也参加了成立仪式。一棵郁郁葱葱的冷杉被命名为"求索之树"，纪念树的碑文写道："谨以此树之命名，向二战期间被日军关押在奉天战俘集中营的盟军将士致以缅怀和敬意！"

参加完这个活动后，老兵们又一起去参观了九一八历史博物馆。在抚顺平顶山万人坑的场景前，奥利弗·艾伦发出了疑问："中国人？"他得到了解说员的肯定答案后，不忍心再看，抬起右手遮住了眼睛。在731部队的展览前，艾伦发出了惊呼："哦，上帝。"他表情痛苦地要求尽快离开。

23日，老兵们要求再去一趟战俘集中营旧址，毕竟那里有他们一生中丢失了的三年的青春。

"大家都不想这样离开，因为这段历史永远不应该被忘记。"艾伦说。

罗伯特·布朗对这里有着特殊的感情，他说："我把这里看成了我的第二故乡，我和我的战友都曾经在这里，有的人已经死了，但是我很幸运地活了下来。我81岁了，如果再不来可能以后就没机会了。"

布朗告诉人们，很多老伙伴都想回来看看，但岁月不饶人，许多人有心无力。

这是布朗第二次来沈阳了。2005年，他第一次来时住在辽宁宾馆，即原来的大和旅社。住在这里的原因，只因为他获得解救后曾经在这里住过。这个宾馆，已成为不能流动的没有生机的物证。因了这段历史，而让这物证重新活了起来，变得与众不同。历史上有多少这样的载体，它们承载的意义是什么？

罗伯特·沃尔佛·伯格夫妇

在人类浩荡的发展史上，这有多重？

当年，一个幸存的战俘离开沈阳时说过，"伙计们，当你们若干年后再回忆这段往事，你们会觉得这是一个人一生中最光辉的岁月。"时至今日，老兵们对这句话深有体会和感触。

拉菲尔·格里菲思说："获得自由的第一天，我出来以后不知道该往哪儿走。一个年轻的中国女孩领着我从大门走了大概三条街到了她父母家，在那里他们给我做了一顿大餐。他们的善良让我感动。吃完饭后我回到战俘集中营，睡了个够。"

"获得自由之后我的工作是看守大门，"格里菲思说："中国人围成一圈给我东西。后来B29飞机给我们空投了生活用品，食物、烟和毯子。"

他对大家说："如果一切顺利的话，过几年我还要到纪念馆来，看看它变成了什么样子。"

1945年8月战俘们可以回家了。当载有老兵们的船开进码头的时候，整个码头挤满了人，父亲母亲们，兄弟姐妹们。老兵们刚走下来，鞭炮声就响起来。这是个激动人心的幸福日子。

艾伦说："我还记得船穿过金门大桥时的心情，岸上的人都向我们欢呼，我激动得哭了，战友们也都哭了。我们像获得新生的婴儿一样，就要开始新生活了。"

奥利弗·艾伦回国后一直在学校教书，直到退休。艾伦在学校经常和学生们分享他的故事。

他说："将来有机会的话，自己还会再来这里看一看。我对这里非常有感情。"

第七章　老兵回访

大华府日本侵略史学会从2003年开始组织老兵重访沈阳，到2007年，一共组织了4次，有时一个老兵，有时2个老兵，最多的是9个老兵。每一次回沈阳，他们都有新的收获和发现。

罗恩·帕森斯向战俘集中营纪念馆捐赠了父亲当年在战俘集中营里穿过的一套军装

2003年，海尔·利思沉默60年，第一次发表营救温赖特将军到沈阳的经历，通过他的翻译，他们得到许多中国农民的帮助，指点方向，分给食物，帮助推车，有时甚至会全车抬起。当知道日本投降时，许多农民用北方大菜请他们一路吃到沈阳，令他毕生难忘。

大华府日本侵略史学会副会长王鄂说："亲自组织这些活动，我始终有一份紧迫感。沈阳二战盟军战俘集中营旧址，如果没有这么多志同道合的中外人士呼吁，如果没有他们组织战俘老兵来访，也许这个战俘集中营就没有了，这个事情就全部没有人知道了，这段历史就灰飞烟灭了。"

一位美国研究者说："奉天美军战俘的遭遇是'二战'中保持最久最完整的秘密。"

老兵们也充满忧虑，他们说："如果有一天我们都不在了，谁还来讲这个故事？"

常和老兵们接触的中国学者杨竞表达了自己的看法，"这次来的几个老战俘，他们很难再来一次。我见过一些老战俘，身体很糟糕了。我记得我上次去美国弗吉尼亚州，给一个老战俘打过电话，我本想访问他，问他身体怎么样，然后他实话告诉我，很糟糕，谈话都很吃力。"

这让人想起了第一位来信的战俘约瑟夫·皮塔克。正是他揭开了战俘集中营蒙尘多年的面纱，使得这段历史公布于世。

1995年，皮塔克和几个老兵参加旅行团来到沈阳，老兵们因为当地变化太大而终究没能找到当年战俘集中营的遗址，非常遗憾地回了美国。1997

年，78岁的皮塔克去世了，他至死没有再回到这个战俘集中营。

一场关乎尊严的较量

2007年5月22日上午，沈阳图书馆二楼的会议室一点杂音也没有，整个会议室里只回响着老兵们的声音。

韦恩·米勒说："有一次被日本人派去抓鱼，我趁日本人不注意，偷了一条鱼。在战俘集中营的时候，瘦得只有70磅。"米勒说完，全场发出了会意的笑声。他是这次来访战俘中身材最为瘦弱的，随时需要女儿的搀扶。他的女儿，教师道尼·克莱是第一次随父亲到中国来，亲眼看到父亲当年受奴役的地方，她说："父亲他们太可怜了，能活着真是一种幸运。"

尔温·珀森说："有的日本人称我们是'坏美国'，因为我们总跟日本人作对。"

在座谈会上，老兵们回忆起往事感觉挺轻松。他们都非常感谢上帝赐予他们今天的生活。他们以美国人特有的率真，以一种美国式的幽默，将沉重的历史与现实拉近了距离。

两位战俘后代的话则让人颇多沉思。第一位，57岁的杰利·奥斯特米勒主要讲父亲对他生活态度的影响。他说，父亲在25年前去世了，但是父亲给他留下许多宝贵的人生态度和经验。当时父亲身体状况非常不好，得了很多疾病，在战俘集中营期间每天都超时工作，饱受日本折磨，但父亲身上有一种非常严谨的性格，做事谨慎，生活节约。父亲为人很善良，对人性也很尊重，他认为生命是非常珍贵的。父亲尤其对中国人非常的尊敬，因为他知道，中国人也一样在战争中遭受了日本人的迫害，中国人对他们也非常善良。

第二位，简尼丝·可涵说，父亲回到美国后，非常沮丧，变得经常容易生气，很难与家人沟通。

这些在中国沈阳遭受了非人磨难的美国老兵，回到美国后，成立了奉天战

第七章　老兵回访

俘集中营协会。每年他们都要开一次年会，都要一起聚聚。这些生死之交，共度患难的人，用一种特殊的方式铭记过去，祭奠青春。

罗伊·韦弗，1945年8月结束自己的战俘生涯，返回美国。这一次，是他战后第一次到战俘集中营来，他也没回去过菲律宾。菲律宾椰树茂密的海岸，形状奇妙的艳丽蝴蝶，香气溢人的茉莉花、兰花、凤尾草，农场的芒果、面包树、木瓜、香蕉、凤梨、椰子，甚至树梢的鸟儿，这些都成为了他的回忆。

奥利弗·艾伦在发表演讲

第二次世界大战结束后，美国政府在美国以外的14个地方建立了公墓，其中包括马尼拉美军纪念公墓。这个公墓占地152亩，总共有17206个坟墓，是世界上最大的墓地，意在纪念二战太平洋战役中阵亡的美军人员，以及来自菲律宾和其他盟国的战士。

韦弗说："我的好多战友都把生命留在了菲律宾，那是个伤心之地。"

这次到沈阳来，他内心的感受也很复杂。"有一段时期我失去了二战的影子。但人生总是这样，经历过的又怎么能从生命里抹去。62年后，我又一次来到沈阳重温记忆。"这一次来，他很高兴地看见战俘集中营已经变成了一个纪念馆。

韦弗告诉人们，他现在年纪越来越大了，总爱回想起以前，他的社区经常邀请他去讲二战中的故事。每一次提到伤口，他都非常痛。他说："我不要再回到过去了。因为美国军人在集中营死去的有40%。这些人是在日本的战俘集中营中死去的。比在德国战俘营死亡的美军人数的比例还要高。"

战俘们都表示了日本需要真诚地道歉。罗伊·韦弗说："我还是有一个要求，如果日本政府能跟我们道歉，那是应该的。赔钱就不用了，但是一定要真诚地道歉。"

这段历史不仅在中国鲜为人知，在日本乃至世界上也默默无闻。残酷的岁月，致使一些当年的战俘不愿意回首那段经历，他们把被日军俘虏视为一种个人的耻辱，非常不希望谈及那些往事，很多人对自己的家人都只字不提。

拉菲尔·格里菲思说："虽然一些战俘总是感到很痛苦，不愿意谈论和战争有关的事。但是我觉得正是这些事让我在日后变得更谦和、更宽容。"

1999年7月，美国加利福尼亚州议会通过一项特别法案，要求日本政府清算历史，向一切战争受害者作出赔偿。

2000年，将近200个控诉案在美国加州法院提出，要求强迫战俘劳动的日本公司对其进行道歉和赔偿。其中，很多沈阳的美军战俘也都是原告。

2004年，美国法院撤销了前战俘们的案件。这使得战俘们觉得自己受了侮辱，特别引起了巴丹幸存者们的强烈不满，他们觉得自己又一次成了牺牲品，纷纷用写信、朗诵诗等方式抗议政府。

3年后的2007年4月，70名前美国被日军俘虏者全国组织（ADBC）的成员再次在华盛顿集会，通过决议要求日本政府正式道歉，然而，决议起草与递交者ADBC副主席列斯特·坦尼被日本使馆告知，没人会接见他。

尽管美国政府态度消极，但民间却越来越多人认为，巴丹幸存者理应得到更多的尊重、更好的纪念。

2009年5月30日，日本驻美大使藤崎一郎出席了太平洋战争时期在菲律宾被日军俘虏的美国老兵组成的团体的年会。这次年会在德克萨斯州的圣安东尼举行，老兵和家属共400多人出席。藤崎一郎说："我们为我们的国家对包括战俘在内的很多人造成的巨大伤害和苦难致以诚挚的道歉。战俘们在菲律宾的巴丹半岛、科雷吉多尔岛和其他地方遭遇了悲剧性的经历。"

在场的400多人，约有一半起立鼓掌，另一半则满脸不屑。

战俘协会会长坦尼说："藤崎大使出席年会直接表明了日本政府的正式道歉，这很了不起，很有勇气。"

一位美国老兵却当着藤崎一郎的面说："这份道歉来得太晚，而且缺乏诚意。我不接受。"

第七章 老兵回访

英国FEPOW的现任会长阿瑟·莱恩说："所有幸存者到现在都要将近90岁了。这意味着那是一种狡猾和空洞的姿态。这种道歉是'无礼的'。"

莱恩说："我依然因为日本人对我和我的战友所做的事而厌恶日本。我知道不该这样，但是我情不自禁。"

1998年11月，当明仁随伊丽莎白二世前往白金汉宫时，路边的上千名英国老兵在他的座驾经过时同时转过身去，以后背对着明仁，表示对日本政府的不满。次日，明仁在威斯敏斯特教堂的无名战士墓献花圈时，又有大约500名抗议者在现场背对这位日本天皇，齐声唱起当年日军强迫英国战俘修建桂河大桥时英军的进行曲。

此前，英国战俘老兵联合美国、澳大利亚和新西兰的老兵一起在日本东京起诉，要求日本政府正式道歉并向受害者支付每人2.2万美元的赔偿。

1998年11月，东京地方法院以1951年《旧金山和约》里美、英等盟国放弃赔偿为由，驳回原告请求。老兵们先后上诉到东京高等法院和日本最高法院，两院则先后在2002年3月和2004年3月作出维持原判的结论，关闭了从司法渠道向日本政府索赔的大门。

2010年8月15日，FEPOW举行了纪念活动。据估计，在英国，只有300多战俘仍然在世，协会的通知上称，这有可能是协会最后一届纪念活动。

提起远东战俘，阿瑟·莱恩认为，他们的心理创伤太深了。这些前战俘成了被遗忘的人，他们曾经遭受的暴行成了被遗忘的暴行。

在2009年5月30日的这次年会上，藤崎一郎还表示，将近期邀请战俘老兵访问日本。但这个计划遭到了日本强硬派的冷遇。在日本政府向前战俘发出邀请之前，广岛和长崎原子弹袭击幸存者协会的负责人要求美国为用原子弹袭击日本道歉。

石田仁太郎，曾是日本海军的一名士兵。1988年，他从教师职位上退休，并到亚洲各国旅行和宣讲美国在日本投下原子弹所造成的恐怖。然而，他不但没有赢得同情，反而招致了很多国家和人民的反感。"我非常吃惊地发现，那投下的两颗原子弹原本是要日本停战的。我才意识到，全世界的人们都知道投下原子弹的悲惨原因，我作为一名日本人却才知道真相。那时，我才认识到，日本人的认识是多么的自私。"

日本二战历史研究学者西里扶甬子，作为一名资深电视台记者，她一直从事着让日本人正确认识历史的工

座谈会现场（孙玉莲摄）

作。2005年，她主动找到罗伯特·布朗，希望他给她提供资料，让日本人知道当年战俘集中营里发生的事情。

西里扶甬子说："现在日本确实有一些右翼分子，他们企图掩盖历史，我要让日本青少年知道这段历史的真相。"

第二次世界大战期间，近600万犹太人被德国纳粹杀害，战后，德国政府不仅一再道歉，而且继续赔偿受害者及其遗族。

在亚洲，情况就没有这样简单了。战后，日本虽然投降，却事先消灭了数不清的罪证，加之美国政府对日本的二战罪行采取了容忍和掩饰的态度，并不再坚持战争责任的问题。尤其是美、英、法等国与日本签订片面的旧金山对日和约，不再继续清算日军虐俘问题，也不再索取赔偿。

1995年8月16日法国《世界报》载文指出："与关心日本的民主化相比，更关心使日本成为其反共政策枢纽的美国人宽恕了日本天皇并释放了战犯，从而鼓励了一种集体的不负责任的态度。"

据美国政府2000年4月解密的1951年旧金山与日媾和会议外交文件记载：《旧金山和约》对日本战争赔偿的主要规定第五章第十四条的有关内容如下："缔约方认为日本国应该对于战争期间由日本国给同盟国造成的损害以及灾难作出赔偿。然而，缔约方认为目前日本的资源不足以为其维持可行的经

第七章 老兵回访

济,并同时履行它其他的责任,完全赔偿所有此类损失及灾难的损失。"

第十四条还写明:除本条约其他规定处之外,同盟国放弃对于日本国及日本国民实施战争所导致的所有的赔偿要求、放弃同盟国及其国民的其他要求和同盟国对于直接

战俘后代杰里·奥斯特·米勒

占领的军事费用的要求。第二十六条并且陈明:如果日本与任何一国达成优惠于本条约中规定的战争赔偿解决,日本必须以同等优惠条件与本条约缔约国达成战争赔偿解决。

这份和约的出台,也深深伤害了昔日美军战俘老兵的心。他们中有不少人曾经极度痛苦。前炮兵卡洛斯说,他5年内拼命喝酒,力图忘却往事却又不能。一次卡洛斯送怀孕的妻子去看医生,在等电梯的时候遇到一个日本人,他把对方摔倒在地,拳打脚踢。美国警察了解情况后,让那名日本人离开了。1972年,他甚至带枪回到昔日被日军关押虐待的地方,想找到日本卫兵并杀死他们。

美国政府作茧自缚,使二战时期的美国军人,也成了这份和约的受害者。

据大华府日本侵略史学会副会长王鄂介绍,日本本岛有100多个战俘集中营,在新加坡、菲律宾、中国香港、马来西亚都有战俘集中营,关押战俘人数达100万人。荷兰人最多,近二十万。还有英国人,当时的英国战俘因为年龄都比较大,所以大多不在人世了。其中沈阳战俘集中营关押了300多个英国人,50多个荷兰人。当时日本所有的战俘集中营里关押的有军人,也有老百姓,加在一起100多万人。

王鄂认为,日本的战俘集中营跟其他国家的战俘集中营相比,比任何一所都过分,比德国人对待犹太人还过分!因为尤其是在菲律宾和新加坡,日本人把很多荷兰人的一家大小都关起来,而且把大人和小孩分开,致使小孩五六岁

就看不到爸爸妈妈了。当年,近二十万荷兰人被日本人关押起来,而且他们多数是老百姓,很多人家都是五六代都在战俘集中营里度过。

战后,这些幸存者都成立了协会,荷兰人现在每个月都到日本驻荷兰大使馆去抗议,并递交抗议书。这种活动已经持续了20年,却没有得到日本政府的只言片语,更别说是道歉了。

提到战争责任,就不能不提战后对此态度和做法完全不同的两个国家,德国和日本。德国是一个有勇气的国家。战后,德国纪念纳粹灭亡,坦然承担德国的历史责任。政府建立了赔偿机制,政府和所有从犹太浩劫中获利的企业都要进行赔偿。德国国内还兴建了大批纪念浩劫的博物馆、纪念馆,政府领导人不断公开地进行道歉。

德国这种真诚的态度是有法律保证的。德国1994年通过法律,对否认奥斯维辛大屠杀历史的人,可判5年徒刑。在德国,为侵略历史翻案不属于言论自由。大批纳粹战犯被起诉,判处监禁和死刑,即使到了今天,德国仍不遗余力地在全球追捕纳粹战犯。

反之,战后日本政府一直在历史问题上纠缠不清。日本一直没有勇气去直面历史。这就使得它和亚洲国家无法取得一份真正的谅解,无法更好地面对未来。马来西亚前副总理安瓦尔1994年出席在马尼拉举行的政治研讨会时,说到了日本的痛处:"每当日本政府更替,都要重复毫无意义的道歉。"日本没有实质性的道歉在亚洲遭到了蔑视。

日本在二战中有200多万人在海外战死。1947年,日本战争遗属成立了"日本遗族厚生联盟",1953年改为日本遗族会。势力强大的遗族会副会长阪江说:"道歉是对阵亡者的亵渎和不恭。"日本在乡军人会经常给防卫厅、文部省和其他省提供一些意见,而这些意见常常被采纳。遗族会干事日向谦一说:"尽管冷战已经结束,但我们的立场从来未变。我们能够直言不讳地说出政府官员不能说的话。"日本国内右翼势力则有自己的组织和舆论阵地,如《全貌》《动向》《民族与政治》等杂志,成年累月地发表否认九一八战争、南京大屠杀和太平洋战争的言论。

第七章 老兵回访

美国《新闻周刊》柏林分社社长比鲁·帕威尔曾指出:"像外务省高级军官那样,认为太平洋战争是普通战争的日本人不少。只要没有勇气面对严酷的历史事实,光在嘴上反复道歉的日本就治不好'健忘症'。"

日本历史学家田中正俊曾经在菲律宾有4年的战争经历,亲历过许多悲惨的场面。他说:"我自身目睹的惨状,饱尝的痛苦侮辱,至今连我的家属都不知晓。"田中认为,"一般平民乃至市民在战争中的苦难,更为严重和具有日常持续性的是,来自本国统治者的侵略战争政策对个人生活的破坏,对自由的侵害和对生命的摧残。由于战时实行统制经济,造成国民生活的贫困和营养失调,当时的政权对思想信念自由的践踏、拷问和虐杀,这都是战时统治者对人民权利的犯罪的结果。"

日本著名的哲学家中江兆民指出:"我们日本正应该省悟自己的天职是什么,应该考虑自己百年后的命运如何。"他告诫日本上下:"不论我们国家是怎样的强盛,邻国是怎样的软弱,假如我们无缘无故派兵到邻国去,那么,结果会怎样呢?外表的事物终归是不能战胜真理的。"

美国南伊利诺伊大学历史系教授吴天威说,日本在纽约建有"美国日裔纪念馆",纪念战时美国日裔12万人被强迫迁进集中营居住的史实,日本还出资2200万美元在美国洛杉矶为珍珠港事件后被迫离开海岸的旅美侨民建立了纪念馆。

2001年9月8日,驻旧金山的日本领事馆资助了300万美元,由北加州日本协会与美日21世纪协会联合举办《旧金山和约》签订50周年的庆祝活动。当时,日本外长田中真纪子在纪念会上致词,表示对二战的受害者道歉,但她拒绝赔偿。她坚持,战争赔偿问题已经在50年前签署的《旧金山和约》中勾销了。

面对日本的这种行径和言论,吴天威任馆长的日本侵华浩劫纪念馆和王恭立任会长的大华府日本侵略史学会等一些团体联合举行了抗议活动。他们希望争取美国参议院与众议院修改法案,让二战的受害者可以在美国起诉日本,同时要求日本正式在国会通过向二战受害者道歉的法案。

战争责任的内涵，并不是单指金钱，更重要的是尊严和人格。就如老兵们所说，他们对日本的索赔，并不是为了钱，他们的要求涉及尊严、人格，他们要追究日本的责任。他们只是要求这个国家恢复曾经从他们身上剥夺走的尊严。

罗伊·韦弗

日本哲学家高桥哲哉，2004年与朋友共同建立了宣扬反战民主的NPO（民间非营利组织）团体"前夜"。他认为：半个世纪前，这个国家不断发动侵略战争、通过殖民宣扬民族歧视、在国内大搞阶级歧视和女性歧视，这是一个帝国。战后日本诞生了民主与和平的宪法，掩盖了帝国的本质，但是帝国时代的思想还存在，这就是"内核"。我们的目标就是改变"内核"，正如"前夜"的口号所说："反战、反歧视、反殖民主义"，让日本彻底放弃帝国时代的思想。

马克思指出："奴役其他民族的民族是在为自身锻造镣铐。"历史，留给日本的是什么？日本，又将给历史留下什么？

第八章　他们的故事

2005年8月，辽宁省外事办领事处处长曲力民接到一个任务，协助美国驻沈阳总领事馆，寻找曾在沈阳居住过的李立水等人到领事馆参加活动。原来，为了纪念太平洋战争结束60周年，美国驻沈阳总领事馆代表美国政府搞一个表彰仪式。

此前，曲力民曾帮助美国老兵罗兰德·凯尼斯·特沃瑞找到了葛庆余的孙女葛新。因此，这次他轻车熟路，很快就找到了李立水本人和已故高德纯的儿子。

8月19日下午4点，美国驻沈阳总领事馆里，总领事康大卫用中英两种语言一字一句地宣读了"表扬证书"。

美利坚合众国国务院表扬证书上写道：为表彰他们在太平洋战争期间对关押在中国沈阳奉天战俘集中营的美国战俘的协助，美国政府和人民将铭记李立水、高德纯、葛庆余的人道和勇气，因为只有那些勇敢和真挚的朋友才会冒生命危险去协助美国战俘。

李立水、葛庆余、高德纯，他们三个人和美国战俘之间有着怎样感人至深的故事？像这样感人至深的故事又有多少呢？

李立水和尼尔·加格里阿诺

采访时间：2007年5月29日，2010年2月、6月
地点：沈阳市大东区青光街18号

谈起那段历史，李立水老人仍然记忆犹新，以下为李老的口述记录。

"我在满洲工作机械株式会社干活的时候，和一个小孩看到外面车子上有黄瓜，就偷了一把。以前紧挨着我干活的一个战俘，一直看着我，我们之前都用眼神交流过。见他看着我，我赶紧给他扔了两根黄瓜。我那个时候很紧张，自从战俘跑了3个以后，日本人规定中国人不能跟战俘一起干活。所以我害怕，万一让宪兵队逮住了，命就没了。"

李立水接过美国驻沈阳领事馆领事康大卫颁发的奖状

说到这儿，他自己先笑起来。"那个时候太恐怖了！"他又强调了一句。

后来，日本人完蛋了，八一五投降后，我们不上班了，战俘们也得到解放了。日本兵缴械了，也没有枪了，但那个时候日本兵没有退，还住在集中营里。战俘们经常出来，仨一群俩一伙地在附近遛弯。有一天早晨八九点钟，我吃完早饭，闲着没事，就出去在马路边上站着。我看到从大马路上来了四五个战俘，当时我没看到是尼尔。等走近，他看到是我，高兴坏了，连声喊"OK，OK。"我也不会说外国话，赶紧上前跟他拉拉手，表示友好。他带着一个大兜子，从里面掏了一把巧克力给我。

这个历史片段，一晃凝固了近六十年。李立水没想到这个不可抹杀的历史痕迹，竟搭起了他和尼尔之间友谊的桥梁。

我1985年退休。2000年有一天，厂里工会主席来接我到厂子会议室，一起去的还有张小孩的哥哥张连福。这是第一次采访我，是一家美国新闻媒体。那个时候刚公开提起这个战俘的事不长。以前从来没有人提这个事。唯独这回，美国来了一个女记者。张一波教授一起陪她来的。

到会议室后工会主席说："李师傅，有媒体来采访战俘集中营的事，你不是和战俘一起工作了吗？你想想那一段。"

我说："都快六十年了，我也想不起多少。"

他说："你能想多少就说多少。"

整个过程，一问一答。我介绍一段，张连福介绍一段。

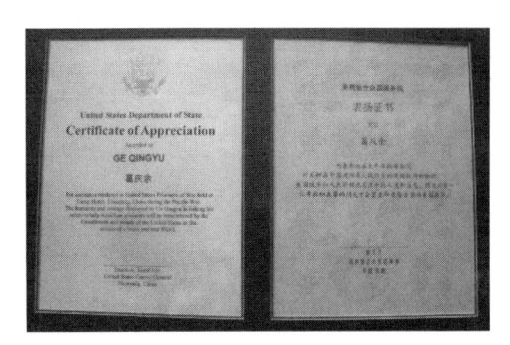

美国政府给葛庆余的奖状

我说，我和战俘在一起工作，战俘是干苦力的，我那个车间干活的是有技术的。我特别记得，有一个战俘，266号离我那儿最近。战俘没逃跑之前，日本人当初管理不太紧，他拉过我手。这个时候，战俘还和中国人一块工作，刨空、挖木桩。有战俘逃跑之后就绝对不行了。只能战俘跟战俘在一起，我们在一块儿，绝对不能接触，也不能手拉手，也不能说话，不能做手势。

266号战俘老是跟我接触。有一次，我从菜农的车里偷了一包黄瓜，还给了他两根。记者问："你怎么记得这么详细？"我说："他们脖子上面都戴牌，266。""叫什么名字？"我说，"那我不知道。"美国媒体就回国了。

李立水老人口里的美国媒体是《纽约时报》。2000年9月18日，《纽约时报》北京分社社长伊丽莎白·罗森萨尔来了沈阳，就对日索赔问题采访了九一八战争研究会会长张一波，张一波又带她来到中捷机床有限公司对战俘集中营之事进行了采访。

四五个月后，罗森萨尔打电话来告诉张一波和杨竞，他们找到266号了。杨竞打电话给李立水，说："李老，你提到的那个战俘266，他们给你找到了。"李立水一听，非常高兴。

那个时候，尼尔已经91岁了，住在美国宾夕法尼亚州西尔威尔市。他耳朵背，但记忆力很好。

尼尔面对来访的媒体，非常肯定地说："他给我两根黄瓜，这个人是英雄。我还给他巧克力糖吃了。"

分散了60年的历史碎片，被两位老人跨洋越海地拼接起来。

"这不得了了。媒体都知道我说确切了，老来采访，来问的就是黄瓜、巧克力糖的事。"李立水成了历史的活证人。

2003年，美国传记女作家琳达·霍尔姆斯访问沈阳。尼尔委托她带给李立水一张他的近照和一封感谢信。信中说："我只是想让你知道我有多么地高兴，因为你还记着关于我的事情！听说你现在身体很好，我十分高兴！我做战俘的事情已经过去那么久了，可现在想起来就像发生在昨天一样！我一直记得你给我的黄瓜。现在有很多人可以知道我们的故事了。"

朴实的李立水想，人家给我来信了，我怎么也得回应啊。于是，他让大女儿买了四个景德镇小碗，委托王鄂带给了尼尔。

我（此处指作者）说："您是来而无往非礼也！"老人笑得更加灿烂。

李立水说，也有记者问他，你和尼尔通过话吗？他实事求是地说："没有通过话。"

2007年5月，李立水又一次和战俘老兵们见面了。他非常想知道尼尔的身体状况。他问奥利弗·艾伦："你看到尼尔了没有？尼尔的家属为什么没来。"艾伦告诉他说："尼尔住在郊区，挺偏僻的，不好找。他的身体更不好了，已经96岁了，半身不遂，根本不能出门。"

对疾病之痛，李立水深有体会。他只能给遥远的尼尔送上自己的一份真挚祝福。

没过多久，一位美国女士找到了李立水。女士也是战俘后代。女士说，"我父亲在日记中写道：'不是满洲株式会社，是高什么。我突然想不起来了，战俘不单是在我们厂干活。战俘都在这里住不错，但外面也有几个厂有战俘干活，"李立水告诉她，战俘集中营马路对过，有一家高井铁公所。女士连声说："对，对。就是高井。我父亲在那干过，我要去看看旧址。"李立水带她去了，但现在那里是厂区，没法儿进去，就在门口照了一张相。

李立水告诉我，在日本人那儿干活，不能抵触，日本人需要中国人以一副亡国奴的姿态做工。可我们毕竟是中国人，怎么会轻易听日本人的摆布。于是，才有父亲李景阳踢了日本小孩一脚的后话。

人生机缘巧合。1965年去世的李景阳绝对不会想到，因自己当年的一脚，使儿子李立水成了二战盟军战俘历史上一个重要的见证人。

葛庆余和凯尼斯·特沃瑞

采访时间：2010年3月2日、4月

采访地点：辽阳省灯塔市大河南镇站前村、沈阳市苏家屯

3月2日，我（此处指作者）早上7点半从沈阳坐公共汽车出发，经过1个小时的车程，抵达十里河，又坐出租，到达了大河南镇站前村，也就是当地出租车司机嘴里的"红房子"。

从远处望过去，这是一个稀稀落落的村庄，略显得凌乱，房子不很整齐和紧凑，各家各户竖起的电视天线倒显得有些突兀。

葛庆余有5个孩子，分别在沈阳苏家屯和辽阳灯塔务农。我所到的站前村是其二儿子葛玉明家。葛玉明家很好找，过了铁路再向南穿过一条长长的土路，就到了。

葛玉明家的正屋是20世纪80年代修建的三间灰瓦房，院子特别宽敞。一堆玉米秆杂乱地堆在院子里，蓬松的间隙里藏着雪花。院子正中间，木棍制成的一米多高的简易棚里圈着没剥的玉米。有些年头的自行车和一辆锈迹斑斑的三轮车，随意地停在院子里。

几件未干的衣服晾在外面，随风荡来荡去。自家打制的水井，被主人创意地用水管接到了屋子里饮用。像其他人家一样，院子里竖起了高高的电视天线。

屋里收拾得非常简单，基本没什么装饰物品。比较显眼的是一镜框的照片。从这里基本可以看出这个家庭的成长。一台电视机，从外表可以看出，陪

伴主人走过了不少年头。一台新电冰箱，是家里唯一值钱的电器。

1954年出生的葛玉明，性格比较内向，不善言谈，骨子里透着一股农民的淳朴。提到父亲，一脸骄傲，说起资助，略带羞涩。他总觉得，父亲不求回报地做了这件事，这么多年以后却是自己家受益，有前人栽树后人乘凉的感觉。

美国传记女作家琳达·霍尔姆斯转达了老兵给李立水的信

在葛玉明的记忆里，父亲为人正直老实，性格比较外向，喜欢交朋友，但对家里人从来不聊过去的事。

在大女儿葛敬坤的记忆里，父亲曾经多次跟她说过，"我有一位好朋友，最亲密的朋友。我还教他写过中文。"但那个年代，葛敬坤根本没把父亲的话放在心上，父亲也就没有细说。

葛敬坤记得，那个时候，她的爷爷奶奶一直跟他们家过。父亲的事，葛敬坤从爷爷奶奶嘴里听到的多一些。

当年农村的日子非常艰难，日本人横行霸道，把他们家里的地都占了去，一家人生活没了着落，常常吃了上顿没下顿。初小毕业后，葛庆余在农村再也待不下去了，他先到十里河干了一段时间的活儿，结果不很理想。

19岁的葛庆余成家后，便和妻子庄素芳一起去了沈阳，在小东门租了一间民房。好在葛庆余识字，有文化，很快找到了一份工作，在满洲工作机械株式会社做保安。

1948年，葛庆余携妻带子从沈阳回到老家辽阳灯塔站前村，种田过日子。

庄素芳是一个老实的农村女人，对外面的事不太过问。家里的男人是天，他不说的事，她也不说。更何况，在那个连温饱都解决不了的年代，在那个需要自保的年代，谁敢去讲和美国人有过交往的事呢。

葛敬坤作为家里的老大，也没从母亲那里听到过这些事。

第八章 他们的故事

"文革"时，葛庆余因为当过伪满时期的警察，一度成为了专政对象。葛家的5个孩子都不同程度地受到了一定的影响。葛玉明最想成为一名军人，却没有通过政审。

"当兵，入团，入党都不行。"葛敬坤说，"还有一些牵连，就是粮啥的都不给。"这种情况1978年之后才逐渐有所好转。

也许，葛庆余潜意识里是在保护家里人，怕孩子们更多地被牵连进去。

1977年，53岁的庄素芳去世，葛庆余更加沉默。

对于战俘之事，葛庆余有生之年只字未提。这在葛家成了一个秘密。1990年，葛庆余走完自己的人生，把这个秘密带进了另一个世界。

2004年，杨竞来到葛玉明家，葛庆余帮助战俘之事才揭开谜底。葛敬坤也才恍然大悟，父亲所说的，有一个好朋友，原来是大洋彼岸的罗兰德·凯尼斯·特沃瑞。

1943年秋，特沃瑞被送往满洲工作机械株式会社服劳役。就是在这里，他结识了葛庆余。

1945年前，身为保安，葛庆余每天早晨的工作是，在日本人对战俘进行完搜身检查后，便把战俘从战俘集中营领到工厂。特沃瑞时常用刚刚学会的汉语和他打招呼，或简单地说两句话。一来二往，两个人成了朋友，也开始了他们的地下工作。由于每天上下班可以自由地进出工厂大门，葛庆余便有了夹带物品的一些便利条件。

特沃瑞并不知道葛庆余是怎么把轴承带到厂外，又怎么把食品带进厂内的。他把厂里的机器零件如滚轴轴承偷偷地卸下来，交给葛庆余。葛庆余把轴承偷偷地拿到外面去卖，然后买来一些吃的东西交给他。每次，葛庆余都会把食物藏在机器里等他拿。虽然这样做会损伤设备，不过，反正这些都是日本人的东西。他们的关系就这样一直很好地保持着。

但是，交易随时都有风险。那天清晨，特沃瑞来到葛庆余的工作间，平时战俘是严禁进入这个小屋子的。就在这时，一个日本警卫闯了进来，其他一些日本兵也都围了上来。特沃瑞吓得一声也不敢吭，呆呆地站在那里。

肯尼思·托尔里夫妇（葛新提供）

葛庆余胆大心细，他毫不迟疑地从墙角抓起鞋子，告诉卫兵，"他把鞋拿到这儿，问我下一步该怎么做。"事情就这样化险为夷了。

特沃瑞实在不敢想象，如果日本人知道了真相，他们会受到什么样的处罚。他也知道，葛庆余这个中国人是在冒着生命危险帮助他。

此外，葛庆余还是特沃瑞最重要的消息来源，包括外面战事的进展以及时局的发展等。特沃瑞说："所有这些都给了我和其他战俘顽强面对困难的勇气。"

特沃瑞获得自由后，高兴地来到葛庆余的家中做客，他们一起游览了沈阳城，并彼此交换了纪念留言。特沃瑞在留言中说，"葛庆余是美国战俘的好朋友和恩人，希望所有美国的朋友们同样地善待他。"

时隔60多年，这一段往事又有了后续。

葛玉明的妻子许士兰比较健谈。她说："我们1980年结婚，和老太爷一起过了10年，不过，一点也没听他唠过这些事。杨竞来找了以后，我们向她大姑打听这件事，才知道了一些，心里挺激动的。老太爷在那种情况下，当时，咱们和美国都是受害者。可能老太爷考虑都是受害者，就对这些战俘力所能及地有一些照顾。"

知道了爷爷和美国战俘老兵的故事，葛新正值高考前夕。为了不影响她的考试，父母在她高考完后第一时间告诉了她这件事。

葛新感到非常地意外，也非常地激动。"我当时就觉得我爷爷挺伟大的，给日本人看战俘，还这么帮助人家，完全不去计较个人的安危。要知道在那个白色恐怖的年代，如果日本人发现了我爷爷这么做的话，那就是死，所以说，确实是一件很危险的事。"

许士兰说："2005年我们去参加美国领事馆的一个活动，有一个老太爷当年的工友告诉我们说,葛庆余是一个里外都挺会来事的人,在当保安期间,没受到日本人的诘难。这点也挺让我们佩服。"

1945年9月,特沃瑞离开沈阳回到美国德克萨斯州的奥斯汀市。他做过新闻记者,先后担任过美国新闻文化总署副署长、公共广播公司执行委员会主席等要职,获1955年度普利策新闻奖。

寻找葛庆余,是特沃瑞心中始终没有放下的事。60多年后,特沃瑞知道,葛庆余夫妇已经去世,当年那个他曾见过的未满周岁的孩子也已夭折。他非常伤心,特意把葛庆余当年的照片放大,分别送给了葛庆余的五个子女。

2005年,葛新考上了沈阳医学院。这是一个新的问题摆在了这个家庭面前,葛新三年的大学费用是一笔不小的开支。

葛玉明家是姊妹五个人中家境状况最一般的。他家里有7亩地,夫妻俩平时没农活的时候就出去打零工,一年可以挣一万块钱,光是葛新的学费就要五千元,算上吃饭、住宿一年怎么也得一万。

葛新也体谅父母的难处,在报志愿时,依从了父母的意见,填报了医学这个专业。许士兰说:"俺家也没啥能耐,这个专业出来以后工作还比较好找一些。"许士兰这么说,是受了大女儿葛红的启发。葛红虽然读的是中专,却直接分配到大连一所医院当了护士。

在农村,靠刨土供应两个学生,不是一件易事。直到有一天辽宁省外事办公室的曲力民处长找到了他们。

2005年4月13日,辽宁省外事办公室领事处处长曲力民接到一封信,信是从美国来的,落款是罗兰德·凯尼斯·特沃瑞。信中写道:

"我是一个老兵,曾参加太平洋战争并被日军俘虏。我想尽我经济上的可能帮助葛新。她的爷爷葛庆余是美军战俘的好朋友,我总是觉得我应该尽我可能帮助他或他的后人……葛新即将高中毕业,报考大学。

"当然,葛庆余当时的确善待了美国战俘,但更重要的是,他是华夏的子孙,并做了他认为有利于中国的事业。现在我想,除了用我微不足道的力量来

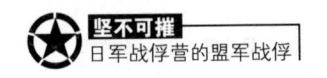

帮助他孙女葛新的学习，没有更好的方式来面对葛庆余的回忆。

"我有1000美元可用于指定帮助葛新的学习，这些钱将汇至葛新所选择的接受她入学的大学。"

信的最后，特沃瑞写道："如果你能告诉我怎样进行这件事，我将不胜感激。"

曲力民接到这样一封信，一个素昧平生又是国外老兵的来信，他倒有些意外。

意外之余，他又有些感动，感动的是这个老兵与他素不相识，却相信他，把这么重要的事情委托给他。做事认真的曲力民，立即着手按着特沃瑞给的线索进行查找。

做这件事，曲力民并不仅仅是出于一份工作职责。当然，严格地讲，这并不是他职责范围内的事。但是，他自己也当过兵，对军人有一份特殊的感情。

说起对当兵的感情，曲力民有些动情。他自己曾是一个兵龄10年的军人，父亲也曾是军人，并且参加了抗战。这个美国老兵特沃瑞和父亲基本是一辈的，从这个意义上讲，特沃瑞和父亲在二战中应该是同盟军。只不过，二战中美国老兵特沃瑞是在菲律宾战场作战，父亲是在中国战场作战。

很快，曲力民便找到了大河南镇站前村的葛玉明家，向他们一家人说明了特沃瑞的心意。

葛玉明夫妇听到这个消息后，感到非常过意不去，毕竟自己没为人家做过什么，怎么可以平白无故受人恩惠，但又的确为这笔捐款而高兴，毕竟老兵之举对他们来说正似雪中送炭。"挺高兴，挺激动的。对俺们这个家庭来讲，这是个挺大的帮助。"许士兰至今说起来，仍然激动和动情。

懂事的葛新知道这件事后，揪了好长时间的心一下子放下了。"我感觉，这确实能解决一个大问题。我感觉，我大学第一年的学费有着落了。我可以轻轻松松地去上学了。"

9月13日，美国驻沈阳总领事馆新闻文化领事柯儒澈代表罗兰德·凯尼斯·特沃瑞，向葛新捐赠了这1000美元。

捐赠仪式结束后，许士兰将一封信递到了柯儒澈手中，说："如果以后特沃瑞和其他老兵来沈阳，您一定要告诉我。我要当面感谢他们，也欢迎他们能够到我家去做客。"

但是，可惜岁月不饶人。当年的壮小伙，如今却因年纪大了，心脏不好，无法再回中国亲眼看一看了。

这个老兵现在已经去世了。

爱丽丝把父亲和葛庆余的故事发表在了报纸上，在故事的结尾，她引用了父亲的一段话："葛庆余已经不在了。在我的记忆中，他将一直是那个年轻人，当日本人点完名之后，他会带着我们走到工厂，告诉我们应该做什么。很可能没有多少人会记得葛庆余，但是那些记得他的人将永远记住他的正义和善良……"

孙慧忱和霍华德·卡特

采访时间：2010年3月5日

地点：沈阳市大东区小河沿某小区

在偌大的社区打听一个人，颇有难度，尤其是像我这种外地人。但，事情总在不经意间柳暗花明。舟泉小区一位热心的中年妇女，留下我的联系方式后，当天晚上交给了赵培英。当我接到赵培英的电话时，心情无比激动。

3月5日上午，我来到赵培英家，开始了我们的交流。

事情还得从2005年9月16日说起。这天的《华商晨报》刊登了一篇报道，报道中说此次来沈阳参加二战盟军战俘集中营纪念馆（试）开馆仪式的美国老兵霍华德·卡特，还希望找到一位孙姓老朋友。随报道刊登的是一张他朋友一家三口的照片。

习惯阅报的赵培英一看，就跟孙仲诚说："这不是你爸妈和你哥吗？报纸上登的不是咱家的事吗？"

孙慧忱和钱文秀夫妇

孙仲诚接过报纸一看，乐了，说："是啊，是咱家的事。"

老两口一合计，决定给报社和卡特一个回音。

上午10时38分，赵培英打电话给晨报记者，说："卡特先生要找的孙慧忱医生就是我公公，照片中间的孩子就是我丈夫的哥哥孙志诚。不过，我公公孙慧忱2000年去世了。"

赵培英放下电话，心情仍然激动。晨报的记者告诉她，卡特先生猜测孙慧忱可能已经不在人世了，但仍然希望能和他的家人见一面。

此时待在宾馆里的卡特，听到电话后，几乎不敢相信自己的耳朵，嘴巴张开，连连惊呼"Oh，My God！"。

但是，当他听到孙慧忱医生已经去世了时，刚刚还兴高采烈的卡特安静了下来，稍过片刻，他说："我要看到他的家人，麻烦你带我去看望他们。"

但组织此次来沈阳参加活动的美国大华府日本侵略史学会副会长王鄂考虑到卡特先生年事已高，又给赵培英夫妇打了电话，请他们前来宾馆相聚。

孙仲诚说："没想到60多年后，卡特先生又来找我父亲。人家是来答谢父亲的，这说明他也是重情重义的人。我们都属于晚辈，见了面也不知道唠啥。但既然人家邀请了，咱也不好拒绝。"

于是，孙仲诚、赵培英带着儿子孙良和哥哥孙志诚一起，一家四口在激动和忐忑中，踏上了前往宾馆的路。

此时卡特在宾馆里望眼欲穿。一个小时的等待对他来说，显得太过漫长。他不停地问："他们还有多久能到？""他们还有多久能到？"得到答案后，他又说："我到宾馆的门前等他们好不好？"

11时57分，孙仲诚一家人终于出现了。照片上那个10岁的孩子孙志诚如今已经70岁了，从脸上已很难看出曾经的模样。但当他拿出那张和卡特手里一模一样的照片时，感伤的怀念和温馨的友情涌上了每个人的心头。

卡特对孙仲诚说:"要是你父亲还活着,我们可以直接交流了。"

想象一下,一个中国老人,一个美国老人,像亲兄弟一样,坐在一起拉家常,那将是多么温暖的一幕。可这只是我们的想象,人们往往愿意向好的方面设想。

王鄂从卡特那里拿过当年孙慧忱的信件,对孙仲诚说:"这可不是一般的外国话。我从小就会英语,我都说不这么地道。"

孙仲诚告诉他们,自己没有听父亲说起过他和美国战俘通信的事。他说:"在那段特殊的历史时期,父亲担心受到政治冲击,所以没有提过和美国人通信的事。后来我上学了,父亲对我说起过给外国人治过病,但具体怎么个来龙去脉就没细说了。"

孙仲诚说起自己的父亲,一脸骄傲。在他的印象里,父亲的英语水平非常流利,多半是靠自学。"小时候家里穷,我奶奶是寡妇,给外国传教士打工。传教士看到我父亲这么聪明好学,就让他跟自己学习了一段时间的英文。"

在孙仲诚的记忆中,父亲爱好英语,在图书馆经常看英文报纸和英文书籍,每天下班后都听英文广播。

交谈中,孙仲诚知道了父亲和卡特认识的经过。当年,卡特是美国海军信号兵,1942年,他21岁,身高1.86米,到达战俘营时体重200磅,出去时不足100磅,战俘编号是580号。

1945年9月,战俘们解放了。获得自由的卡特被安排到医院进行身体检查,在检查的过程中,他主动和医生攀谈起来,没想到,这位医生还真会说英语。这就是孙慧忱。

卡特回国前,孙慧忱请他去自己家里吃了一顿饭。在卡特的记忆里,这顿饭非常丰盛,是他三年来吃到的最好的饭。孙慧忱的家里人也很多,特别热情。

孙仲诚说:"父亲在卡特回国前,请他来自己家吃饭。因为我们家里还有几个表姐,所以,看起来人很多,那时我奶奶已经瘫痪了,全靠我父亲一个人的工资养家。"

卡特回国后，与孙慧忱还有书信往来，但在1950年中断了。

孙慧忱1950年后开始搞行政工作，后医院改为中国医科大学第二附属医院，也就是现在的辽宁省肿瘤医院。在中国的那场政治运动中，孙慧忱受到影响，家里人都被下放到农村。直到1973年，孙慧忱才回到原来的岗位。

孙慧忱有3个孩子，那时老大孙志诚七八岁，只有他对这件事隐约有些印象。一个外国人来家里吃饭，小孩子充满好奇，但没怎么放在心上。孙志诚从哈军工毕业后从事飞机研究，不幸的是不久突患疾病，留下了后遗症。其后在汽车制造厂当了一名工人，由于一直未婚，便同父母和弟弟一家生活在一起。父母去世后，便和弟弟孙仲诚一家住在一起。

孙仲诚说："我们家祖上都是医生。我姥爷是中医，我母亲钱文秀也是医生，13岁就在医院里当护士。"但因为历史原因，孙仲诚没有子承父业，就连自己的两个儿子也远离了医生这个行业。

提起自己的两个儿子，孙仲诚告诉我说，他们不知道爷爷孙慧忱的事。直到卡特来，两个孩子才听自己说起这件事的大概。

孙仲诚说："他们也是看报纸知道的。拿着报纸回家问我，我爷爷给外国人看过病？还请他来家吃过饭？我说，哦，那不是旧社会的事吗。我告诉他们这事不能跟别人唠，外面人谁问也说不知道。别跟别人随便聊。这件事不值得对外宣扬。"

赵培英说："咱老公公一辈子教育孩子不占别人便宜。你看他在医学院那时候，在图书馆搞行政，没拿过一瓶墨水，一支铅笔，就连一张纸都没拿过。他教育孩子不能贪便宜，就当老实人。"

这次，卡特是带着太太和两个儿子前来的，儿子一个是中学老师，一个是大学老师。"我们是听着父亲的故事长大的，父亲一生的夙愿就是要回来看看。这次他如愿了，我们要帮助他把这段历史告诉美国的年轻人。"

孙仲诚说，卡特的儿子们比他文化水平高，他们都很实诚。见面后，卡特嘱咐过他的儿子，今后跟孙仲诚要互相往来。因为他，才有了这份异国的友谊，后代不能断。

孙仲诚告诉我说："有一次卡特的儿子到北京，给我打电话，告诉我这次到不了沈阳，就不来拜访了。"

在孙仲诚保存的照片中，有一张卡特夫人背影的黑白照，抓拍的效果非常令人震撼。我问孙仲诚："这是谁？"

孙仲诚递给了我小卡特的信。信中说："我挚爱的母亲患上了癌症，在4月去世了。她也算得上幸运，还来得及与她的第一个曾孙女，漂亮的劳伦相处过一段时间。她的孙女，也就是宝宝的母亲拍了一张照。这就是随信寄来的那一帧。想来，相片包含了天下最辛酸的味道，捕捉了世人都会领略到的生命传奇。"

赵培英家里虽然房子有些小，但整洁干净。她祖籍山东泰安，一看就是个勤快爽朗的人，作为这个家的女主人，这么多年来，她一直和丈夫照顾大伯哥，无怨无悔。相比赵培英，孙仲诚言语谨慎，有些少言寡语。赵培英告诉我，这是受到政治运动冲击留下的后遗症。

但他们老两口都实事求是，对历史事实，知道的就讲，不知道的不讲。

高德纯和逃跑的战俘

高德纯，原名高洪福，他和美国战俘之间的感人故事，因主人公已过世，我多方打听却没有找到他的后人，因此，我只能从一些资料中了解故事的来龙去脉。

当年，还是学徒工的高德纯带领着二十多名战俘安装机床。有一天，他看到中士查斯坦打开了日本养生工的抽屉，并拿走了地图。高德纯怕小鬼子知道，就悄悄地去买了一份，重新放在抽屉里。

三名战俘能够成功逃跑，多亏了高德纯。不过，他也付出了惨重的代价。三个美国战俘被抓回来后，日本人追查地图的来源，高德纯被怀疑，招致了日本人的严刑拷打。受尽折磨的他被迫屈招，承认是自己提供的地图。日本人以反满抗日罪名判处他10年徒刑，关进了奉天第一监狱。高德纯因为是重犯，一进监狱就戴上了几十斤重的脚镣。

1945年8月15日抗战胜利后，高德纯才结束了两年多的牢狱之灾，重获自由。可是，他回到家后听到的第一个噩耗竟是，

奥利弗·艾伦在向人们讲述高德纯的故事

10个月大的儿子被活活饿死了。

在当学徒工期间，高德纯还干了一件大快人心的事。

当时和高德纯在一起干活的还有十几名十八九岁的日本实习生，他们都是日本技校的学生。一天，一个日本实习生突然冲到高德纯面前，叽里呱啦地大声喊叫着。高德纯虽然听不懂他说什么，但被他的行为激怒了，所以动手打了他。事后，高德纯赶紧找到工厂里管事的日本人，说实习生打了他。后来实习生也来告状，但日本人不相信中国人敢打他。高德纯借机逃过了一难。

在沈阳二战盟军战俘集中营纪念馆的展厅里，挂有一张放大的高德纯的照片，战俘们看到他，都特别亲切，都会在照片前驻足长谈。

奥利弗·艾伦指着他的照片，向自己的儿子和战俘的后代讲起那段令人称道的往事。这些后人们虔诚地听着，在心里默默地记着。正如艾伦的儿子提摩西·艾伦说的那样，"我会记住这些可爱的中国人的名字和他们的善举。"

还有好多老兵和中国普通老百姓结下的友谊故事在一代代传递，我们有理由相信，这份友谊会薪火传承，万古流芳。

这份60多年前结下的跨越国界的友谊，伴随了老兵们终生美好的回忆，他们的人生也因此而更加丰富多彩。

中国工友是他们的生命线。因为战俘们需要依靠中国工友才能把东西卖掉，换回自己需要的东西。许多工友就是冒着生命危险，偷偷地给战俘们带来

一些吃的东西。还有好多工友,尽管当时生活水平极其低下,但他们还是尽力地援助给战俘们鸡蛋和花生等食物。

根据档案记载,1943年奉天市内一般中国人的粮食"配给"每月大人11公斤,中人7公斤,小人2公斤。品种为高粱、苞米、杂谷、豆饼、含代用品的小麦粉等。

事实上,老百姓的生活远远达不到这个标准。英国战俘罗伯特·皮蒂写道:"我必须要阐明在我看来的事实,尽管我们的食物热量极低又缺乏维生素,因而营养不良疾病盛行,但我们比那些平民百姓吃的还算是多的……我们在饥饿,而他们(满洲的中国人)却在饿死。"

重温历史

海尔·利思、罗伊·韦弗、奥利弗·艾伦和罗伯特·布朗,是我2007年在沈阳集中进行采访的四个二战美国老兵。

白驹过隙。被俘时才23岁的罗伊·韦弗,2007年已经88岁了。

"我当年是610号战俘,我是从菲律宾来到奉天的。到的时候日本兵对我非常残酷,刚来就掉了50磅的肉。当时我脑子里唯一的想法就是如何能存活下来,只是为了活着。我在日本工厂工作的时候,一只手流血了。但是为了不被日本人杀掉,或受到更残酷的虐待,就把自己的手包扎了起来,表现得跟日本人一样的工作卖力,当时想的只是为了可以领到食物活下来。"

韦弗说起自己的故事,显得比较平静,尽管也有不满,但听得出,他在试图忽略一些对自己伤害极深的情节。这些老兵们非常懂得怎样绕开创伤,开始新的生活。

韦弗被解救后,乘船回到美国。船经过冲绳岛、关岛,最终到达旧金山。1945年10月,他在关岛待了大约两周,在那里,他给自己的父母发了电报说自己还活着。

罗伊·韦弗回国后，于1949年和第一任妻子弗蕾达·梅结婚，1980年与现任妻子卡洛琳·韦弗结婚，并一起生活了30年。

1938年到1964年一直在海军陆战队，不一样的是，自1950年重新回到海军陆战队时，再也没有在军舰上服役。1964年退休，军衔是参谋士官E-7，也即三级军士长，或者称作枪炮军士。韦弗从海军陆战队退休后，又找了一份平民的工作，直到1998年才完全退休。他和妻子居住在爱达荷州科达伦。

跟随着他的叙述，我们又一次重温了历史。

我问韦弗吃野狗的事，他一听开怀大笑，并拿过一张纸，边比画边说："集中营隔着我们住的地方远，狗都被别的战俘抢去了。"说完，他耸耸肩，好像仍有遗憾。

韦弗的名片上只有一张硫磺岛战役胜利的照片。看到这个，让我想起了2006年看过的美国影片《父辈的旗帜》（*Flags of Our Fathers*），从这部影片中我了解到美日最惨烈的硫磺岛之战，也看到了那个硝烟弥漫中，六个美国海军士兵将一面美国国旗插到了阵地上。

我问他："您为什么会选择这个印到名片上？"

他告诉我说："我喜欢它。硫磺岛是一个象征，也是海军陆战队的一个纪念物。在名片上使用这个象征，因为我很自豪我是一名海军陆战队队员。"

2007年沈阳一别后，我和韦弗没有联系，但从2010年6月份因为一些翻译上的细节问题需要向他求证，我们又开始了邮件往来，看到91岁的韦弗依然这么健康，我真心替他高兴。

但是，2010年10月18日星期一上午6:15分，我收到了罗伊·韦弗的妻子卡洛琳·韦弗的电子邮件。邮件中她告诉我，10月16日星期六，她的丈夫罗伊·韦弗去世了。信的最后，她写道："He was a good man. And a good Marine."我也这样认为。

奥利弗·艾伦，2007年已经86岁了。

在老兵座谈会上，艾伦是第十个发言的。这一次他是和自己的妻子米尔德丽德·艾伦及儿子蒂莫西·艾伦一起来的。2002年，他根据自己的经历，和妻子一起合著了《被抛弃在巴丹半岛：一个幸存者的故事》(Abandoned on Bataan: One Man's Story of Survival)，并在2003年第一次来访时把书带到了沈阳。

他在书的扉页上写道："我们被遗弃在巴丹半岛，没有药品、没有飞机……甚至没有人给予一个诅咒！"

艾伦1941年从大学参加了美国远东陆军航空兵，希望实现自己的航空梦想，却在到达菲律宾几个月后，成为了战俘。1945年8月被解救回国之后，艾伦成为一名教师，走过了30年的教学生涯，因为健康原因提前退休。他想让两个儿子了解他在战争中作为战俘的完整故事，就将自己的经历录了音。妻子米尔德丽德·艾伦把这些录音带进行了转录。

米尔德丽德·艾伦，是一名作家。她1946年成为教师，从事过与战俘有关的工作，曾经是一名《美国前战俘公告》的杂志编辑。

艾伦说，他觉得冥冥之中，一直在受保护，他觉得非常幸运。他在美国经常去学校和学生们分享他的故事。另外他旁边的老先生（海尔·利思）是救过他命的人。他对这里非常有感情。

艾伦相对于其他战俘，比较活跃和健谈。这是他第二次来沈阳，每一次前来，对他都是一种考验。面对往事的追忆，他很伤心。

罗伯特·布朗，今年已经87岁了，被俘时才18岁，是战俘集中营里年龄最小的士兵。

因为他是直接接触战俘集中营内日军军官的一名战俘，所以，他的经历为鲜为人知的战俘集中营历史增添了不少新证据。他每次来中国，都会成为媒体和学者追逐的炙手可热的人物。

布朗因为腿上有旧伤，所以走起路来一脚深一脚浅，这是1942年11月来沈阳后，由于战俘集中营的恶劣条件而留下的后遗症。

布朗先生总是一手提包，一手抱着一本大厚册子。包和厚册子就是他的命根子，走到哪里他都要自己提着。一些好朋友表示愿意帮他提，都被他委婉地谢绝了。

这本大厚册子里，有战俘集中营里的照片和漫画，详细地记载了那段历史事件的始末。

这些照片包括，1945年5月，年仅21岁的罗伯特·布朗和难友在战俘集中营里的合影、当年战俘集中营日军翻译的照片、两名当年日军看守人员的合影、战俘集中营的内景照片、辽宁宾馆的早期照片等。

罗伯特·布朗战后继续在美国空军服役，1969年退休，军衔为一级军士长。

2010年2月，罗伯特·布朗去世。

后　记

美、英、荷、澳，是谁这么有本事，让这么多国家的官兵沦为俘虏。

乔纳森·梅休·温赖特、阿瑟·欧内斯特·珀西瓦尔、爱德华·金、小乔治·帕克、乔治·摩尔、H.特鲍顿……是谁这么有"本事"，把这些英、美、荷、澳的将军们不远千里万里押到中国。马克·扬爵士、申顿·托马斯爵士、C.R.史密斯、加尔达·凡·斯塔尔博格·斯塔茨沃尔、A.L.斯皮茨、哈里·特拉斯特德爵士、珀西·A.麦克尔韦恩爵士……又是谁这么有"能耐"，把英、美、荷、澳这些国家在其殖民地的总督和法官等高级文职官员押送到中国。

是日本。不错，是日本！

战俘们来到中国，是好吃好喝的供着吗？日本才没有那么仁慈。他们是利用战俘们的一技之长，他们是想把上档次的战俘作为政治筹码。战俘们差点就成为异国他乡的一缕青烟。

暴行，暴行，暴行……数不清的暴行。走进这段历史，就是走进一个充满暴行的世界。

我在创作过程中跟爱人交流时说，研究人性的至恶，就研究二战中的日本。他们把人性恶的一面发挥得淋漓尽致，而且在战争的舞台上，是竭尽所能不遗余力地发挥。

2007年5月初，我和辽宁九一八战争研究会会长张一波通电话时，他告诉我："辽宁有大事，发现了二战时期日本在沈阳建立的战俘集中营，而且关押的全是英国、美国、澳大利亚和荷兰等国家的战俘，还有好多将军和总督等高级战俘。而且，再告诉你一件大好事，这些老兵马上就要来沈阳回访。"

我大吃一惊，第一个念头是，这怎么可能?！第二个念头是，我要去采访。从知道老兵要来，到去沈阳，前后一共10多天的时间，我跑图书馆，上网查阅，只了解了战俘的一些皮毛。随后，我给这次活动的组织者美国大华府日本侵略史学会副会长王鄂先生打电话，发邮件，确定了要采访的老兵名单。做完这些后，我已经决定把这个纳入我的创作计划。

要想把这段历史写得出彩，不是一件容易的事。人物的命运、事件，都是历史，不能更改的史实。只能在自己安排的故事里，让人物和事件重活一遍。因为历史也是有脾气的，要尊重它，要客观公正，要用辩证法去剖析人物和事件。

在历史甬道里寻访，灵魂的痛苦和愉悦，只有自己知道。这些跟战争有关的内容，一旦扯上不免变得残酷血腥。面对二战，我写着别人的故事，却痛着自己的心。

出版第一本书时，我就做好了打算，创作二战人物系列三部曲。从开始采访创作第一本书时的2000年算起，整整花了13年的时间，我实现了自己的愿望。13年的时间，冷暖自知，特别是像我一个业余创作者，其中有太多的艰难和挫折，好在我都克服了。13年的时间，我完成了一件事，没有太多的喜悦，只有平静，我可以去重新开始做一件事了。

在采访和创作过程中，我感觉到，无论影视剧多么逼真，人物演绎得多么出彩，都是现代人去演历史，真正的历史远远比影视剧要残酷血腥得多。

我很庆幸，在亲历人活着的时候，我被他们带领着重走了一遍那段充满血腥和恐惧而又充满温情和反抗的年月。

一个城市因为有历史才厚重。东北地区，在近代中日关系史和抗日战争史上都具有特殊而且重要的历史地位。在历史进程中，这里留下了许多历史遗址和遗迹，使我们今天得以触摸那段血与火的记忆。

日本军国主义总喜欢用数的概念来衡量自己的战绩。日本发动侵华战争时，叫嚣3个月灭亡中国，但淞沪会战就打了3个月。日本想当然地在东北建立了伪满洲国，开始了他们的统治。但中华民族永不屈服的反抗精神，让他们

后 记

尝尽了苦头。

我始终认为,第二次世界大战期间中华民族的14年抗战,比其他任何一个国家都付出了更为沉重的代价。这些代价包括精神上的压迫、政治上的压迫,甚至是对人身生命的肆意剥夺。

在对日问题上,中国主张侵华战争的指挥者是加害者,普通士兵和日本国民也是受害者,可日本政府连这都不情愿接受。

日本东京都日中友好协会副理事长古川万太郎指出:"至今一些日本人仍认为,日本不是败给中国,而是败给美国的现代化武器和雄厚的物质力量。"这种认识也是他们歪曲侵略战争史实的原因。

历史的车轮行进到今天,二战已经结束60多年,世界格局发生了重大改变。永久和平,是全世界人类的向往。但不能否认的是,世界并不太平,战争隐患仍然存在。

哲学家桑塔亚那说过"忘记过去的人注定重蹈覆辙"。通过历史,我们可以看到世界的轮回。日本对人类的罪行,如果不能解决,必将为它的行为付出更大的代价。

不能否认的是,在日本也有一些友好人士,他们通过自己的方式为发展中日友谊而奔走呼吁,从抚顺战犯管理所走出去的日本前战犯,组成了"中国归还者联络会"。该会的宗旨是"反对侵略战争,维护世界和平,促进日中友好"。近年来,以高桥融、小野寺利孝为首的日本有正义有良知的律师们,自掏腰包,帮助日本侵华战争受害者在日本提起诉讼。这些律师们这么做的目的是,让日本承担起自己所犯下的罪责。还有一批学者、作家,也在通过自己的方式,揭露日本侵华战争的本质,反对军国主义的复活。

2007年5月,我采访完王鄂先生后便回了山东老家。父母院子里的花儿怒放,我的女儿整天跟在我身后,恨不得让我每时每刻都陪着她。面对着温馨的家园和可爱的孩子,我想,我们生活在和平年代是多么幸福。我给女儿看了每一幅照片,告诉她每一张照片背后的故事。女儿2岁多,我给她讲这些故事的时候,她很好奇,有时会询问,这个爷爷是谁,那个爷爷是谁。2013年,她已经8岁多了，会听我讲这段历史，会详细地问我一些细节，更会追问，日本为什么要这么对待这些老爷爷……

九一八战争研究会名誉会长张一波向我提供了这个重要的线索。美国大华府日本侵略史学会会长王恭立先生坐在轮椅上或者挂着双拐出席了这次活动，并接受了我见缝插针式的采访。副会长王鄂为我提供了2007年来访的所有人员名单，并在邮件中对我的创作提出了建议。辽宁省外事办亚洲处处长曲力民先生向我提供了他和凯尼斯·特沃瑞的信件往来。辽宁省委党校王洪山处长，在我寻找葛庆余家人一筹莫展时，他上网搜到的一篇《辽宁日报》的报道，为我寻找葛庆余家人打开了一扇门。九一八历史博物馆副馆长张瑞强接受了我的电话采访。全国政协委员冯世良向我提供了他在两会上的提案文件资料，采访结束时，他为我写下了："秦忻怡同志，热爱新闻工作，热爱历史。余表示崇高敬意。全国政协委员冯世良2010年6月13日于沈阳。"我把这视为最好的勉励。

接受过我采访的战俘老兵有362号的奥利弗·艾伦、海尔·利思、610号的罗伊·韦弗、190号的罗伯特·布朗、104号的仁道·爱德华兹、578号的约翰·利帕德、229号的罗伯·沃尔佛伯格、77号的尔温·珀森和1066号的韦恩·米勒。其中，对奥利弗·艾伦、罗伊·韦弗、罗伯特·布朗和海尔·利思，我集中进行了采访，其他的老兵，我总是看到哪个时间相对宽裕就上前，将自己疑惑的问题问一下。这种走马观花式的采访，使我获得了好多出彩的细节。在活动中，我努力使自己不错过任何一个精彩的细节。这些老兵们，是我这本书的灵魂。

采访现场义务为我翻译的有：美国口述史学会会长沈福辉、香港城市大学博士张学煌、大华府日本侵略史学会财务总监蔡德梁、沈阳的牟春晓和邓悦。

沈阳机床集团的离休干部李立水；葛庆余的后代葛玉明、葛新、许士兰、葛敬坤一家人；孙慧忱的后代赵培英、孙仲诚夫妇，老干部李传国、刘作相等人，他们对我认真而负责的讲述，使我的这部书生动和丰富了很多。

辽源老人秦品馥，他热爱家乡并为家乡之事四处奔走呼吁，深深感动了我。他谦逊，避而不谈自己所作的贡献。我只有以漫不经心的采访方式，获得了许多细节。辽源市工商学校副校长曲道德，在采访时给我看了他的资料，他作为战俘集中营的一个业余研究者，所做的工作很有意义。辽源市地方志编纂委员会主任常忆杰、辽源日报社的萧国华、辽源军分区史志办的高万宝、辽源老人赵凤江和郝连生，他们都以自己的方式为这段历史作出了贡献。

王艳女士在我们去辽源二战盟军高级战俘集中营旧址时，辽源市文管所魏东所长安排她陪同我们一起前往。中午1点，正是太阳最狠的时候，我上蹿下跳，不同角度不同层面地拍个不停。末了，王艳女士帮我和秦品馥老先生拍照。晚上，回到招待所，我蹿不动了，也跳不了了。一看，我的皮肤，变了色，我的脸啊，我的脖子，我的胳膊，我的手，就这样被狠心的太阳狠狠地修理了一顿。由此可以想象，王艳女士跟着我们，也着实受累了。

东平县医院的司艳平女士，她是我和秦品馥老先生邮件往来的使者。

在此，一并感谢。还要感谢接受过我采访的王建学、高建、杨竞和李君。

我还要感激大量的美国和英国的老兵组织。

持感恩之心，待结缘之人。

爱人商庆高，给了我最大的鼓励和支持，他利用业余时间为我搜集了大量的英文资料，并翻译成中文，使我在创作时得心应手。书稿成形后，他又以自己优异的文学素养，坦言直陈，为我指出不少瑕疵。

在创作的过程中，我越来越体会到富强，对一个国家是多么的重要，和平，对人类是多么的重要。

我热爱我的国家，热爱中华民族，热爱这个遭受磨难而又卓然而立的民族。

书中涉及外国人名地名

海尔·利思(Haire Leith)

迈克尔·赫斯特（Michael Hurst）

乔纳森·梅休·温赖特（Jonathan Mayhew Wainwright）

阿瑟·欧内斯特·珀西瓦尔（Arthur Ernest Percival）

奥利弗·艾伦（Oliver Allen）

杰里·奥斯特·米勒（Jerry Oster Miller）

罗伯特·布朗（Robert Brown）

约翰·利帕德（John Lippard）

拉菲尔·格里菲思（Ralph Griffith）

休·津布尔（Sue Zimble）

乔·利帕德(Jo Lippard)

萨莉·洛佩斯·波洛拉(Sally Lopez Burrola)

罗斯玛丽·查维斯(Rosemary Chavez)

理查德·查维斯(Richard Chavez)

罗伊·韦弗(Roy Weaver)

安·拉姆金（Ann Lamkin）

兰德尔·爱德华兹（Randall Edwards）

特拉维斯·恩格勒（Travis Engler）

克莱·布莱尔（Clay Blair）

罗伯特·罗森达尔（Robert Rosendahl）

爱德华·金（Edward King）

查尔斯·比克福德（Charles Bickford）

弗雷德·兰登（Fred Landon）

罗兰·肯尼思·托尔里（Roland Kenneth Towery）

霍华德·卡特（Howard Carter）

欧文·约翰逊（Owen Johnson）

罗伯特·沃尔佛·伯格(Robert Wolfers Burger)

韦恩·米勒(Wayne Miller)

吉姆·亚德利（Jim Yardley）

格雷戈里·罗德里格斯（Gregory Rodriguez）

彼得·威廉斯(Peter Williams)

大卫·华莱士(David Wallace)

汉普顿·塞兹（Hampton Sides）

弗兰克·休利特（Frank Hewlett）

约翰·乔治·史密斯（John George Smith）

杜安·舒尔茨（Duane Schultz）

约瑟夫·皮塔克（Joseph Petak）

贾尼丝·科恩（Janice Cohen）

帕特·萨德勒（Pat Sadler）

佛洛伦丝·沃尔佛·伯格（Florence Wolfers Burger）

玛丽·格里菲思（Mary Griffith）

雪莉·琼斯（Shirley Jones）

罗恩·帕森斯（Ron Parsons）

贝蒂·罗森达尔（Betty Rosendahl）

苏珊·卡伊（Susan Kai）

良雄·卡伊（Yoshio Kai）

肯尼思·卡伊（Kenneth Kai）

道尼·克莱（Dawney Clay）

阿瑟·拉纳（Arthur Lana）

内尔·加格里阿诺(Nell Gagliano)

伊丽莎白·罗森达尔（Elizabeth Rosendahl）

琳达·惠勒·琼斯（Linda Wheeler Jones）

卡罗琳·韦弗（Caroline Weaver）

米尔德丽德·艾伦（Mildred Allen）

蒂莫西·艾伦（Timothy Allen）

中外人士评这段历史

70年前有一段不平凡的经历，那是在19世纪40年代（1942—1945），日本帝国主义侵略者野蛮地侵略了中国，此后，日本从东南亚掳了一些美国人、英国人等盟军战俘，转运到中国东北。战俘们被送到一家大工厂工作（满洲工作机械株式会社），那时我也在这家工厂工作，当年我18岁。战俘们劳累过度，又饥又饿。有一次，我趁日本人不注意给了一个战俘两根黄瓜，战俘还向我暗示感谢。1945年日本投降后，这些战俘都回国了。这段经历，我记得非常有心。现在回忆起来，对日本侵略者非常仇恨。

(李立水　见证人)

这一段历史让美国和盟军蒙羞，菲律宾及东南亚战场美英溃不成军，最高指挥官被俘，这也许是罗斯福先生动用原子弹的原因。当温赖特和珀西瓦尔站在密苏里舰上接受日军投降签字的那一刻，他们成了反法西斯战争的英雄，有些悲壮，更多的是伤感！

东北西安（今辽源市）一个煤城的军营，秘密关押着盟军最高指挥官，60年后，这里成了一个纪念馆，五间旧式平房中还回荡着叹息和呻吟声，英雄的磨难之地，却成了一段晦暗的历史。

(萧国华　记者)

在1931至1945年的世界大战中，很多人都知道德国的不人道罪行，虐待战俘集中营的战俘。在太平洋战场，日本把盟军的战俘集中在东北地区的战俘集中营管理。可是，同样是战争罪行，为何世人都不重视日本的野蛮呢？号称全球最强的美国，也没有强烈要求日本对美军战俘受害人道歉。直到奥巴马总统的任期，日本才勉强和低调地向美军受害人道歉。

同样是入侵，为何日本对盟军有战俘集中营，而对我国的投降军人没有战俘营？日本军国主义者干脆把中国人屠杀了，不必留生命！所以，我国同胞的灾难更惨！

在21世纪和平的今天，我想读者们对抗日战争的历史，多从不同角度去思考，去批判，才知道什么才是正义。中国人在历史上是很正义和和平的，我们不应忘记前辈的功劳和伟大的牺牲。本书是补充历史的材料，感谢秦忻怡的贡献。有愿望，有行动，才能有这本书。

选择忘记羞辱的人，别人是看不起的。自我看小的人，别人也是看不起的。要勇敢面对过去，才可以站起来。

（张学煌　香港城市大学研究员）

第二次世界大战后期，美国曾无私地帮助了中国。抗日战争取得重大胜利，美国人也作出了巨大的牺牲，作为中国人，我们是永远忘不了他们对中国人民的支援的。美国老兵也忘不了中国，特别是那些曾经被关押在沈阳三年多的战俘。他们被关押的地方，如今将建起战俘集中营纪念馆，这会成为新时期下中美友谊的见证。

（冯世良　全国政协委员）

2005年4月，我收到了一封美国老兵罗兰·肯尼思·托尔里的信件。他听说葛庆余的孙女葛新已经上大学了，他想为她支付学费，帮助她的学习，希望我能促成此事。这个美国老兵这么信任我，我挺感动，也开始去了解这段历史。老兵们虽然投降了，但他们依然是英雄。

时过境迁，美国政府、美国人民没有忘记帮助过他们的中国人。2005年，美国驻沈阳总领事馆举行庆祝世界反法西斯战争胜利60周年纪念活动。

招待会上，美国驻沈阳总领事向葛新等人颁发了纪念勋章，以表彰他们的先辈在美军战俘最困难的时候为中美两国人民友谊所作出的贡献。

（曲力民　辽宁省外事办公室）

　　二战时期西安（今辽源市）盟军高级战俘营是一处弥足珍贵的历史遗迹，它对揭发日本帝国主义发动侵华战争、给人类造成悲剧具有重要的物证作用。日本人的暴行不仅给同盟国人民带来悲剧生活，同时也给日本人民带来不幸。昨日往事皆为史，尘封的记忆告诉我们，忘记过去就意味着背叛。我们热爱和平，坚决反对非正义的战争。

（秦品馥　见证者）

　　第二次世界大战时，日本亟需劳力，所有在初期投降的盟军战士（军官除外），都被分配到工厂或矿场做劳力。约有1500名战俘被送到沈阳各种工厂做劳力。最多是美国人，约有1200人。另外，约300名英国人，还有少数的澳大利亚人、新西兰人和荷兰人。这些人都是从早到晚在日本的工厂或小工厂做工，三餐勉强可以，因为他们都不习惯米饭，而且那时候沈阳冬天，常在零下20度左右。第一个冬天，支持不住的人最多，几乎有200人死亡。在日本投降的时候，共有280多人死亡。我是在一个偶然的机会，遇到一位战俘的后人，他说他爸爸曾在沈阳有三年半，于是这些战俘的故事就连起来了。我2003年到沈阳，见到许多当地与战俘集中营相关的人，他们指出了战俘集中营旧址的位置。我们2005年第一次组团去战俘集中营旧址。对这些老人来说，又是人生的另一种记忆。他们可以说是死里逃生。再临旧地，完全是另一种感受。他们都一致地说，这是他们一直都想忘记的地方，义饿又冷，又要做工。但他们还是很高兴能回去看看。现在旧址已建成"二战"盟军战俘集中营纪念馆，这一段历史得以长期保留。最重要的是，我们不能忘记日本对中国的图谋。日本从1890年开始，就看上了东三省的煤铁资源，以后40多年，一直都在计划怎样从中国手中夺走东三省。日本终于在1931年9月18日，完成了侵略的计划。我们虽然不应累积仇恨，但是我们不能忘记日本对中国的伤害，几乎每一个中国人都受到了牵连，所以战俘集中营纪念馆是提醒我们不要忘记日本对中国的野心，子子孙孙都应该记得。我们要有提防日本的心态。秦忻怡女士的这本书，正是我们最需要推广的。不是永存敌意，而是了解日本。

（王鄂　美国大华府日本侵略史协会会长）